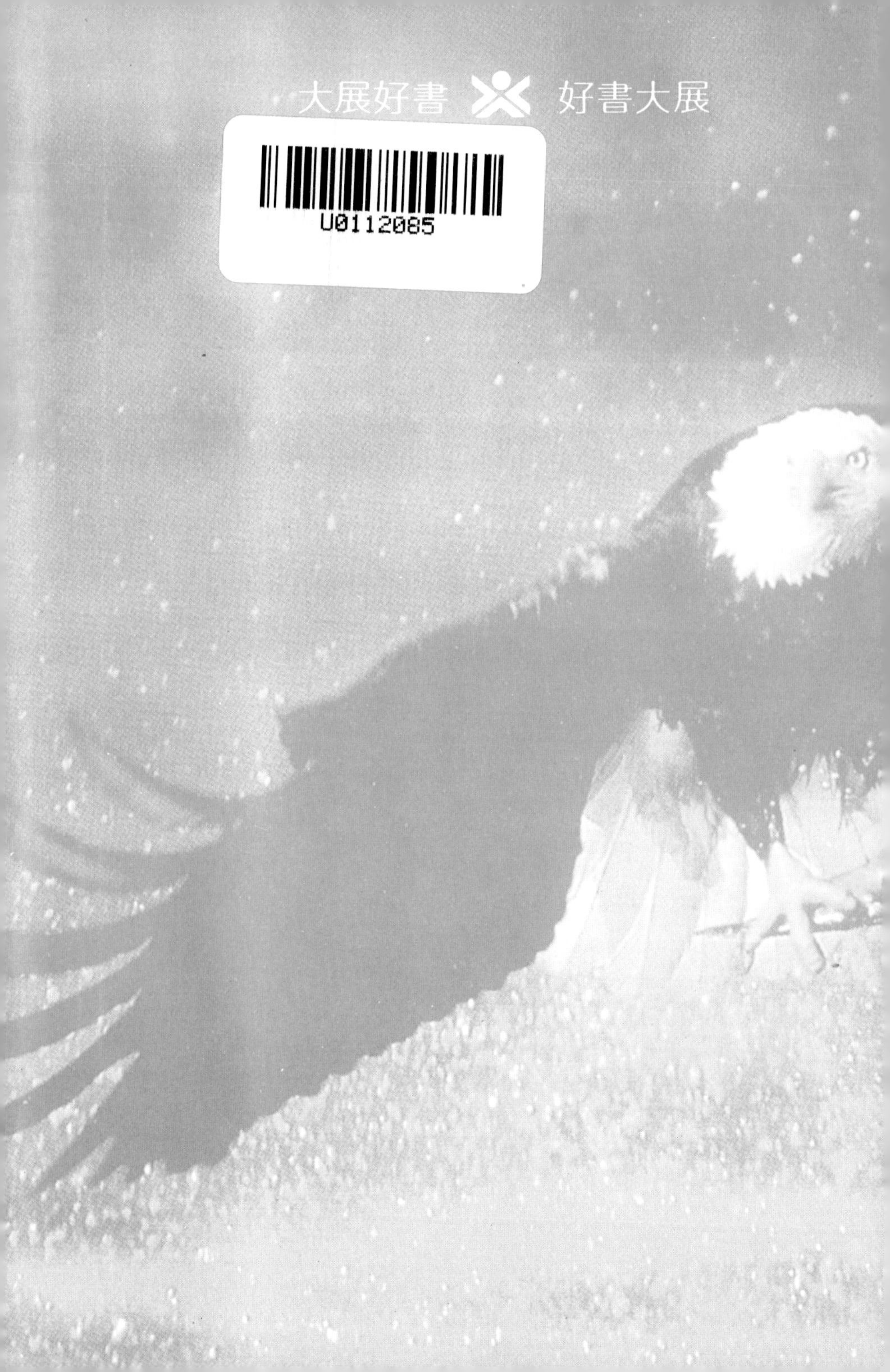

U0112085

運動遊戲 6

游泳入門

唐桂萍／編著

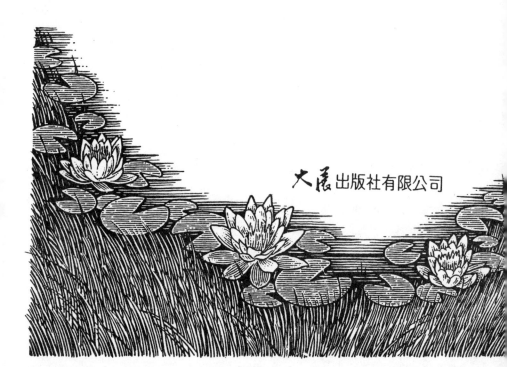

大展出版社有限公司

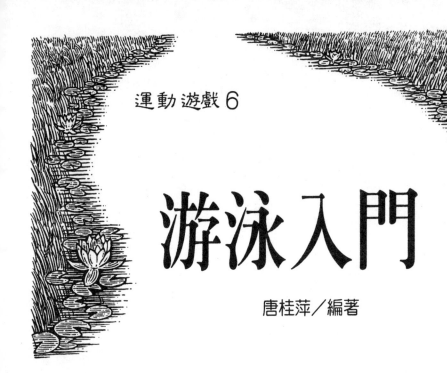

前 言

游泳是深受人們喜愛的體育運動項目，與其他的體育運動相比，具有更強的健身性、趣味性和娛樂性，而且，參加者不受年齡的限制，是一項老少皆宜的運動。

玩水，對於青少年來說，更具有異常的誘惑力，玩水可以愉悅心靈、健體強身，使身心都得到良好的發展。

在全民健身運動廣泛開展的今天，在青少年當中開展和普及游泳運動，更具有重要的現實意義。因此，我們編寫了『游泳入門』，目的是使青少年讀者能夠對游泳這個運動項目有更深的了解，並且通過閱讀，掌握游泳的基本知識，從而進一步使游泳技能有長足的進步。

本書是為青少年讀者寫的，編寫時力求深入淺出，通俗易懂。

本書側重介紹了競賽項目的蛙式、自由式、仰式、蝶式，包括出發和轉身的基本技術、練習方法、易犯錯誤和糾正方法等。

另外，對於側泳、踩水、反蛙式等實用游泳，對於游泳安全衛生、游泳保健、游泳場地設備及管理，以及怎樣組織游泳比賽等知識，本書都有所介紹。最後，願青少年朋友在廣闊的游泳天地裡自由翱翔。

目錄

第三章　游泳技術與練習法

第七章　怎樣組織比賽

第一章 概述

游泳是憑借自身肢體動作和水的相互作用力，在水上漂浮前進，或是在水中潛游而進行的一種有意識的技能運動。游泳一直與人類生產、生活有著密切的聯繫，如捕魚、打撈等都需以游泳為基礎，因此，它是人類社會在長期的勞動和同大自然鬥爭中產生的。

游泳在歷史的發展過程中，從原始的生產生活技能，發展到成為體育運動的重要項目，成為人們鍛鍊身體的重要手段，備受群眾特別是青少年的喜愛，已成為人類社會生活中不可缺少的一個組成部分。

游泳與其他運動項目相比較，有著不同的活動環境和運動方式、方法。在陸地上，我們的日常活動往往習慣於直立姿勢，但在游泳時，卻要俯臥或仰臥在水中做動作。因此要求我們改變直立狀態下做動作的習慣。這樣，我們在日常生活中早已形成的走、跑、跳等技能，便不能在水中使用，可以說，幾乎所有的游泳動作都要從頭學起。

無論何種運動項目，在陸地上做動作時都有固定的支撐物，雖然有些項目在動作進行中有無支撐的階段，但在動作的開始和結束階段都有支撐物。

例如，我們熟悉的跑步運動，便是地面在起著支撐作用，使人能夠通過支撐，令身體向前、向上運動。再如，美國**NBA**籃球賽中的扣籃動作，在騰空扣籃的過程中，人是處在空中毫無支撐的狀態，但是運動員起跳開始是靠地面的支撐實現的，否則就不可能有騰空的過程。而游泳卻必須在水中，在不能作為固定支撐物的液體裡進行。

由於水的浮力和升力的原因，人體在水中有失去自身重量的感覺。同時，我們在水中游動，還要克服和利用水的阻力。如果游泳技術動作不合理，任你花費再大的力量，游進的速度也會很慢或者原地不動。

游泳時，身體平臥在水中，由於水的壓力，造成了呼吸的困難。所以，游泳時對呼吸的動作與節奏都有一定的要求，即與平日不同，必須用口在水面上吸氣，用口和鼻在水中呼氣，吸和呼之間還要有閉氣階段，整個呼吸節奏要保持始終如一。所以，游泳時的呼吸與陸上其他運動項目相比要複雜得多，不像陸上運動時常可以隨意呼吸。可見，游泳所特有的呼吸節奏，會是我們學習游泳的重點和難點。

由此看出，只有了解游泳運動的獨特性質，了解和適應其特點，才能更好地掌握和提高游泳技能。

第一節　游泳的實用價值

游泳時，人們能夠充分利用水、空氣及陽光的照射，在大自然中活動能有效地增強人體各部分器官的功能。

經常參加游泳鍛鍊，可以使人精神煥發、體力充沛，從而有利於學習、工作及事業的發展。這是由於游泳是在水裡，水中是一個特殊的環境，水的導熱能力比空氣大二十三倍左右。據測定，人體在攝氏十二度的水中停留四分鐘所散發的熱量，相當於人在陸地上一個小時所散發的熱量。人體在攝氏十八度的水中，每分鐘大約散失二十~三十卡熱量，由於必須盡快補充所散發的熱量，來抵抗冷水的刺激，從而促進了體內的新陳代謝，使人的體溫調節機能得到改善。

據測定，空氣的密度為一．二九三克／升，水的密度為一千克／升，水的密度約是空氣大八百倍。人體若在水中靜止不動，水深每增加一公尺，每平方公分體表面積所受的壓力要增加〇．一個大氣壓。人站在齊胸深的水中，感覺呼吸急促，比在陸地上費力，這是因為胸腔受到水的壓力高達十二～十五千克，這就迫使呼吸肌必須用更大的力量來完成呼吸動作。經常進行游泳鍛鍊，不僅可增大呼吸肌的力量，擴大胸部活動幅度，而且能增大肺的容量，提高呼吸系統的機能。游泳運動員的呼吸差可達十四～十七公分，而一般人只有六～八公分，肺活量可達四千～六千毫升，個別優秀運動員可達七千多毫升，一般人只有三千～四千毫升。

游泳時，人體處於平臥姿勢，在水的壓力作用下，肢體的血液易於回流心臟，而且游泳時心跳頻率加快，心血輸出量大大增加。長期從事游泳鍛鍊，心肺體積呈現明顯的運動性增大，收縮更加有力，血管壁厚度增加，彈性加大，每搏輸出的血量增多，安靜時心率徐緩。游泳運動員安靜時心率一般每分鐘四十～六十次，比一般人慢而有力。游泳還能刺激血液中運輸氧氣的血紅蛋白量的增加，從而提高人體攝氧能力。據測定，游泳運動員每一百毫升血液中血紅蛋白含量，男子為十四～十六克，一般男子只有十二～十五克；女子為十三～

十五克，一般女子只有十一～十四克。

堅持游泳鍛鍊，不但能使神經、呼吸和血液循環等系統的機能得到改善，而且還能有效促進身體全面、勻稱、協調地發展，並使肌肉發達，富有彈性。

游泳還是對聾啞、傷殘人極為有益的一項體育活動，對於身體瘦弱和許多慢性病患者是一種有效的體育醫療手段。

一九八七年在奧林匹克運動總部－瑞士洛桑，游泳運動被來自世界一百多國家的記者推選為「二十一世紀最受歡迎的體育運動項目」。它對於豐富人們的精神文化生活有著積極的作用。

游泳在生產建設上也有很高的實用價值。許多水上作業，如水利工程施工、水上運輸、水下操作、漁業生產和防洪搶險等，都需要掌握游泳技能，這樣才能更好地克服水的障礙，完成生產建設任務。特別應該指出的是，學會游泳，對於廣大群眾落水自救和拯救溺水者，尤其有現實意義。

游泳在我國，是重點發展的體育運動項目之一。游泳與田徑、舉重一道被列為奧運會的三大基礎項目，游泳項目在奧運會中擁有三十一塊金牌。一個國家的體育運動水平如何，游泳運動成績的好壞有著舉足輕重的影響。而且，它是進行國際文化交流，增進與各國人民的相互了解和友誼的有效手段。

第二節　游泳運動發展簡史

中國是四大文明古國之一，歷史悠久，水域遼闊，氣候溫和。游泳是中國古代人民生活和生產的重要技能。在距今約五千年的原始氏族社會中，就有關於「大禹治水」和「刳木為舟」的傳說。在石器時代的遺址中，還發現了魚鏢之類的工具。這些都反映出，我們的祖先，靠山打獵，傍水捕魚，在與大自然的鬥爭中創造並發展了游泳技能。

一、現代奧運會游泳發展簡況

十九世紀中期和二十世紀初期，在英國和澳大利亞等國出現了近代游泳，並隨之逐漸發展起來。一八九六年在希臘舉行的第一屆奧林匹克運動會上就開始把游泳列為競賽項目之一，設有男子一百公尺、一百五十公尺和一千公尺自由泳三個項目。以後又陸續增加了仰泳、潛泳（後來改為蝶泳）、蛙泳和接力等項目。一九〇八年在英國舉行第四屆奧林匹克運動會時，成立了國際業餘游泳聯合會，審定了各項游泳的世界紀錄，並確定了國際游泳比賽規則。

一九一二年，在瑞典斯德哥爾摩舉行第五屆奧林匹克運動會時，又把女子游泳列為比賽的項目。

隨著世界游泳運動技術水平的迅速提高，參加競技游泳運動的人數不斷增加，游泳運動員的選材、教學訓練和場地器材設備，逐步向現代化、科學化發展。第一屆奧運會游泳比賽只有三個項目，第二十五屆奧運會時已展到三十一個項目。各項游泳世界紀錄、奧運會紀錄不斷被刷新，一百公尺自由泳男子已突破四十九秒，女子已突破五十五秒大關。

由於四年一度的奧運會游泳比賽已滿足不了世界游泳運動發展的需求，為更好地開展世界游泳運動，促進游泳技術交流，國際游聯在一九六八年決定，從一九七一年開始，每兩年舉行一次世界游泳錦標賽，包括競技游泳、跳水、水球、花式游泳等項目。此外，國際游聯還決定相應舉辦兩年一度的世界杯游泳比賽，以保證每年都有一次大型世界游泳比賽。

二、中國游泳運動發展簡史

中國是個歷史悠久、幅員遼闊的文明古國，游泳運動源遠流長。據史料記載，大約在二千五百年前，就已經有了游泳活動。勞動人民把游泳作為同大自然搏鬥的一種手段，在生產勞動中不斷地創造和發展了多種游泳技能，其中創造了不少泅水的方法，如狗爬式、寒鴨浮水、扎猛子、潛泳等等，至今還流傳民間。

十九世紀後期和二十世紀初期，近代游泳運動從我國沿海的廣東、福建、上海、青島、大連等城市開始發展起來。一八八七年，在廣州沙面修建了二十五碼的室內游泳池，開始了我國近代游泳競賽活動，一九一三年第一屆遠東運動會，成為我國參加國際游泳競賽的開端。一九一五年第二屆遠東運動會在上海舉行，我國游泳運動員在九個項目的比賽中獲得五項冠軍，並取得團體總分冠軍，這對內地游泳活動的開展起了一定促進作用。一九二〇年，國內游泳比賽開始增設女子比賽項目。一九二四年成立了「中國游泳研究會」。以後，華東、華北、中南各地區競技游泳活動逐漸興起。

一九五三年，我國游泳運動員參加了在布加勒斯特舉行的第四屆世界青年聯歡節的比賽，我國著名選手吳傳玉獲得男子一百公尺仰泳冠軍，新中國的五星紅旗第一次在國際運動場上升起，為我國體育上添得了第一枚金質獎章，五〇年代末，我國著名游泳運動員戚烈雲、穆祥雄、莫國雄三人，先後五次打破男子一百公尺蛙泳世界紀錄。其他如男子一百公尺自由泳、一百公尺蝶泳、二百公尺蛙泳也先後到達相當於世界前六名或前十名的水平。

一九五九年第一屆全國運動會上，有十二人打破十項全國紀錄，一人創造了一項世界紀錄。

一九六五年第二屆全運會上，有五十九人一三八次打破二十五項全國紀錄，男子一百公尺自由泳和一百公尺、二百公尺蛙泳均相當於世界前十名的水平。

一九八二年第九屆亞運會上，我國運動員首次贏得三枚金牌，並首次取得團體總分第一名。一九八六年第十屆亞運會又上升為十枚金牌。在北京舉行的第十一屆亞運會游泳比賽中，我國選手包攬了女子項目全部十五枚金牌，男子獲得八枚金牌，這為我國游泳運動全面衝出亞洲、走向世界奠定了雄厚的基礎。從此，中國在一些項目上已具備了奪取世界冠軍的實力。

一九八四年第二十三屆奧運會上，中國首次參加世界性游泳比賽，但是沒有一項進入前十六名。四年後的一九八八年第二十四屆奧運會上，實現了獎牌零的突破，獲得了三枚銀牌、二枚銅牌。

特別是在一九八八年的第三屆亞洲游泳錦標賽上，楊文意作為中國游泳運動員，在相隔二十八年之後，又創造了新的五十公尺自由泳世界紀錄。國人為之歡呼，世人為之震撼。

一九九一年一月，在澳大利亞佩斯舉行的第六屆世界游泳錦標賽上，我國運動員取得了四枚金牌，一枚銀牌、一枚銅牌的好成績。在一九九二年的第二十五屆奧運會上又實現了金牌零的突破，取得了四枚金牌和五枚銀牌，並兩破世界紀錄，三破奧運會紀錄。這一新的突破，引起了國際泳壇的矚目。

一九九四年在意大利羅馬舉行的第七屆世界游泳錦標賽中，又取得了十二項冠軍、六項亞軍和一項季軍的好成績，獲得了金牌總數第一位，並創五項世界紀錄。

第三節　多姿多彩的游泳世界

游泳的形式是多種多樣的。在民間流傳的方式有：狗爬泳、大爬泳、踩水、側泳以及一些不規則的游泳方式。這些姿勢由於技術不合理和速度慢，在游泳比賽中已逐漸被淘汰。

游泳運動的內容包括甚廣，在現代奧運會和世界游泳錦標賽中，包括競技游泳、跳水、水球和花樣游泳四個部分，但實際上它們早已成為獨立的四類競賽項目。

一、競技游泳類

1.競技游泳

有些典型的游泳姿勢，符合游泳競賽規則的要求，是用來比賽游泳速度的，稱為競技游泳。競技游泳的姿勢分自由泳（爬泳）、仰泳、蛙泳、蝶泳（海豚泳），以及由這四種姿勢組合的混合泳。

按國際游泳聯合會規定，現已正式列入世界游泳紀錄的男、女競技游泳項目共三十四項（見表一），奧運會游泳比賽共設三十一項（無男子八百公尺、女子一千五百公尺、女子四

表一　游泳比賽項目表

泳式	比賽距離（公尺）		備　註
	男	女	
自由泳	50、100、200、400、800、1500	50、100、200、400、800、1500	奧運會不設男 800 女 1500
仰　泳	100、200	100、200	少兒年齡組設 50 公尺比賽
蛙　泳	100、200	100、200	同上
蝶　泳	100、200	100、200	同上
個人混合泳	200、400	200、400	蝶泳→仰泳→蛙泳→自由泳
自由泳接力	4×100、4×200	4×100、4×200	奧運會不設女子 4×200
混合泳接力	4×100	4×100	仰泳→蛙泳→蝶泳→自由泳

×二百公尺自由泳接力三項）。

雖然目前競賽規則只承認五十公尺標準池的世界紀錄，但每年冬季還都舉行，二十五公尺短池的國際游泳比賽。由於短池比賽有利於檢查冬訓的效果，提高轉身技術和競技能力，所以受到越來越多的國家和地區的重視。我國也於一九八三年在上海舉行了首次短池邀請賽，現已成為一種競賽制度。

從廣義講，競技游泳技術除四種泳式和混合泳外，還應包括出發入水、起動加速游、轉身和終點觸壁等技術。

競技游泳的技術特點是：

(1)身體成水平姿勢，改變了人的日常運動習慣，由於浮力的作用，在水中有失重感，游泳時有輕、漂的感覺。

(2)手臂和腿是同時在水中發生作用的兩個「推進器」，除蛙泳外，推進力主要來源於手臂。

(3)臂和呼吸緊密聯繫，水面吸氣，呼吸的節奏是吸→憋→吐。用嘴吸氣和口鼻同時吐氣，是游泳區別於陸上其他運動的最大特點。

(4)臂和腿的配合有嚴格的節奏和比例，除蛙泳臂與腿的比例為一：一外，其餘泳式有二：二、二：四、二：六等配合方式。

游泳技術的合理性，必須具備以下條件：

首先，必須符合流體力學的基本原理。如根據「流線體減阻原理」，凡與游進方向相反的動作，應成非流線型，增加推進力；凡與游進方向一致的動作，應成流線型，減少阻力。根據「阻力與速度平方成正成比」的原理，凡與游進方向一致的動作，應相對緩慢或在空中完成，減少阻力，凡與游進方向相反的動作，要加速用力，增加阻力。

其次，必須符合人體形態結構特點。如人體上肢關節比下肢關節靈活，游泳時，在充分發揮手和腳推進作用的前提下，要十分重視手的作用。根據肌力與肌肉的生理橫斷面近似成正比的原理，必須充分發揮四肢大肌肉群的力量，推動身體前進。

其三，必須符合人體生理功能特點。如游泳技術必須保證人體呼吸系統的正常工作條件，使呼吸保持暢通，促進氣體交換；必須保證肌肉緊張工作和放鬆恢復有節奏地進行，提高神經肌肉的持久工作能力，延緩疲勞產生。

其四，必須符合競賽規則要求。如蛙泳、蝶泳的動作必須對稱，不准潛泳，轉身時必須觸壁等。

2. 跳　水

跳水是在跳水器械上跑跳，完成空中動作後，以入水為結束的一項水上運動，也是奧運會正式競賽項目之一。

跳水運動分競技跳水和非競技跳水。競技跳水分跳板跳水和跳台跳水，跳板跳水是運動員在一端固定、另一端有彈性的跳板上進行運動，跳板距離水面的高度規定為一公尺和三公尺；跳台跳水是運動員在堅硬而又沒有彈性的跳台上進行運動，跳台離水面的高度有五公尺、七·五公尺和十公尺三種。國外還有一種高空跳水，跳台的高度有五、六十公尺。

非競技跳水可分為表演跳水、實用跳水和教學跳水。表演跳水包括滑稽跳水、花樣跳水和集體跳水；實用跳水是指根據生產、軍事、水上救護的需要而進行的徒手或器械的跳水；教學跳水指訓練競技跳水動作，是表演跳水和實用跳水的輔助性動作。

3. 水　球

水球是水上進行的一種球類運動，也是奧運會正式比賽項目之一。運動員在長三十公尺、寬二十公尺且水深一．八公尺以上的池中，分兩隊進行比賽，每隊七人：守門員一人，後衛、前鋒各三人。水球呈圓形，用皮革製成，內中充滿空氣。比賽規定：運動員用單手傳球、接球和射門，將球射入對方球門得一分，得分多者為勝。

水球的每場比賽時間為二十八分鐘，共分四節，每節七分鐘，兩節間休息二分鐘，同時交換場地。

水球運動員必須掌握各種游泳技術和水球的專門技術，如潛泳、水中起動、急停、轉身、躍起、起球、持球、運球、擲球，以及水球比賽的個人、小組戰術和全隊的攻防戰術等。

水球運動員在競賽中要消耗很大的體力，因此，作為一個水球運動員必須有強健的體魄和頑強的意志。

4. 花式游泳

花式游泳指在各種游泳方法的基礎上，編排出獨具特色的基本花式，並使之與音樂的節拍、旋律和情調協調一致。此項目僅限女子，也是奧運會正式競賽項目之一。

花式游泳在第二次世界大戰前起源於歐洲，以「藝術游泳」為名流行於世。其內容為集體式的游泳活動。是把漂浮同游泳結合起來，輔以音樂伴奏的一種群游方式，並以「水上表演」、「水上芭蕾」等為名逐漸盛行起來。其比賽項目由自選動作和規定動作兩部分構成。自選動作比賽又分為單人、雙人和集體（四～八人）三種，裁判員按各項游泳形式的不同規則進行評分。

規定動作比賽是每個運動員按照一定的規則把各種花樣形式展現出來，強調技術的準確性和協調性等，把自選動作和規定動作兩者的得分加起來，則為比賽的總分，從而決定名次。

二、特種競技游泳

1.游渡海峽

從一八一〇年著名詩人拜倫橫渡了赫勒斯灣海峽，揭開了近代橫渡海峽史的第一頁後，橫渡海峽已成為世界性的游泳活動。如橫渡英吉利海峽，直線距離二〇·五一海里，第一個被公認的紀錄是英國的M·韋布一八七五年創造的，成績是二十一小時四十五分鐘。

從五〇年代起，橫渡海峽引起越來越多人的興趣。目前，橫渡海峽的活動不但有男子參加，甚至連許多女子都加入了這個隊伍。

2.長距離游泳

長距離游泳也稱「馬拉松游泳」，是一種不限姿勢、不限時間、不限距離的比賽項目。目的是為了創造最長時間、最長距離的游泳紀錄。

如意大利運動員創造了一百小時游完二二五公里的紀錄。英國還成立了長距離游泳協會。

3. 競速潛水運動

競速潛水運動又稱水下體育運動。運動員穿戴特別裝具，在自然水域（江、河、湖、海）或游泳池中進行水下訓練和比賽。有蹼泳、屏氣潛泳、器泳等不同項目。蹼泳戴水鏡，口咬呼吸管，腳穿腳蹼，比賽分男女一百公尺、二百公尺、四百公尺、八百公尺、一千五百公尺、一千八百五十公尺和四×一百公尺、四×二百公尺接力。屏氣潛泳戴面罩和腳蹼，比賽距離為五十公尺。器泳戴壓縮空氣呼吸器、水鏡以及腳蹼等裝具，比賽距離為一百公尺、四百公尺、八百公尺等。

其他潛水運動還有水中狩獵、水下定向、水下橄欖球、水下籃球、水下潛深、水下潛遠等。

三、大眾游泳

隨著人類社會的發展、生產力的提高和社會物質財富的不斷豐富，人們對物質、文化、娛樂生活的要求也在相對變化。以增強體質、豐富人們文化生活為目的的大眾游泳活動，如康復游泳、娛樂游泳、水中遊戲、健身遊戲、減肥游泳等，已在世界各地蓬勃開展，成為現代游泳運動的主要組成部分。

這些以「健身、實用、娛樂」為目的的游泳項目，由於它們不講究嚴格的技術和速度，形式簡便、多樣，已越來越被人們重視，發展相當迅速，已成為現代游泳運動的一個重要部分。

冬泳是大眾游泳中的一項重要內容。冬泳，指人們在冬季裡的游泳活動，包括在自然水域和人工游泳池的低溫水中，水溫一般在攝氏十四度以下，在我國，隨著人們生活水平的提高和強身健體的需要，北起哈爾濱、牡丹江，南到廣西、浙江等地，都有大批冬泳健兒在冬季裡鍛鍊游泳。各省市均成立了冬泳俱樂部，並舉辦冬泳表演賽，深受廣大人民群眾的歡迎。

冬泳的好處很多，主要是提高人體耐寒力和免疫力，增強體質，改善精神狀態，鍛鍊意志，培養團結互助的良好風尚，這有利於我國的精神文明建設。

附：游泳運動分類表

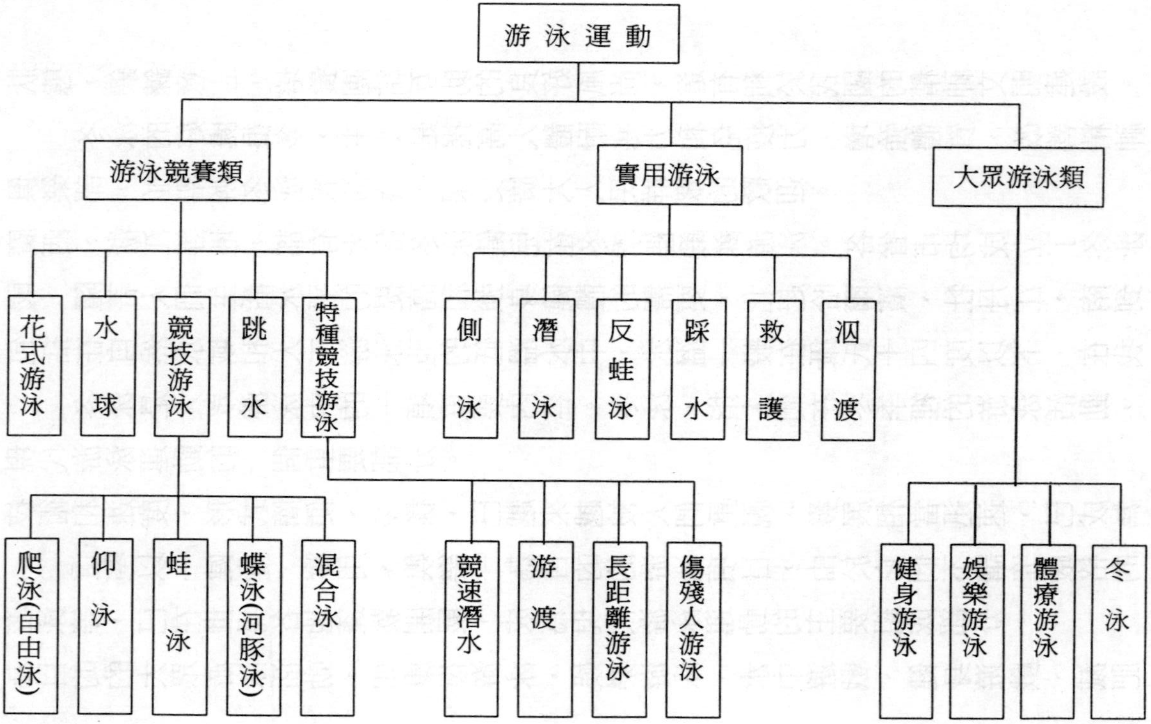
游 泳 運 動
游泳競賽類
實用游泳
大眾游泳類
花式游泳
水球
競技游泳
跳水
特種競技游泳
側泳
潛泳
反蛙泳
踩水
救護
泅渡
爬泳(自由泳)
仰泳
蛙泳
蝶泳(河豚泳)
混合泳
競速潛水
游渡
長距離游泳
傷殘人游泳
健身游泳
娛樂游泳
體療游泳
冬泳

第二章　人與水的力學關係

人在水中游泳時，人體與水之間的力學關係以及人體本身的運動規律，說起來是比較複雜的。但是作為一般的游泳愛好者，為了更快地學好游泳，掌握游泳動作的規律，了解一點兒有關游泳的力學基礎知識也是必要的。

有關游泳技術的力學知識，涉及的面很廣，這裡不準備過多地介紹，只是從力學的角度分析一下游泳動作，怎樣游才算科學、合理，講一講最基礎的力學知識。

第一節　重力與浮力的基本概念

一、物體的沉浮

每一個浸在液體裡的物體，都要受到液體給它的垂直向上的浮力作用，浮力的大小等於該物體排開的液體的重量。因此，物體在液體中沉浮取決於該物體所受到的兩種力的作用，一種是垂直向上的浮力，另一種是垂直向下的物體的重量。當物體重量大於浮力時，物體就要下沉；當物體的重量小於浮力時，物體就浮在水面上；當二者相等時，則物體在水中任何位置上都會保持相對的穩定。

水的比重在攝氏四度時等於一。人體的比重大致和水相等。人體的比重取決於骨骼、肌肉、內臟器官的比重，肺內空氣的多少，以及脂肪多少等因素。例如人在深吸氣後，在水中比重可以減少到〇．九六～〇．九九，這時人體就可以漂浮在水面，在呼氣後可增加到一．〇二～一．〇五，人體在水中就會下沉。每個人的比重是不同的。

所以，浮力大小也不一樣。由於水含有雜質，比重會有所不同的，海水的比重是一．〇三，所以人在海水裡更容易浮起。根據水的浮力和人體比重的關係，初學游泳時應著重注意以下幾點：

⑴盡量縮短空中移臂的時間；

⑵吸氣時，頭不應抬得過高或轉動過大，吸氣時間也不應過長，應該快而充分；

⑶掌握正確的水中呼吸方法，加強呼吸機能的練習。

除此之外，人體的沉浮還受心理因素的影響。初學游泳時，由於思想緊張和恐懼心理，往往會導致肌肉僵硬，再加上不會利用憋氣來增加浮力，因此浮力就表現得很差。通過練習後，一旦克服了心理障礙，浮力的優勢就會逐漸表現出來。

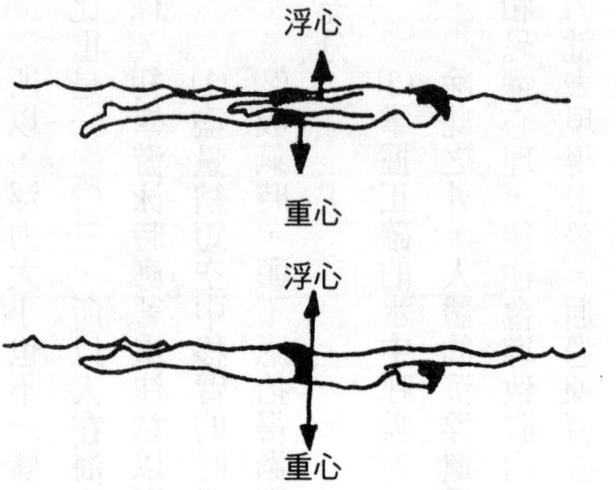

圖 1

二、水中姿勢對浮體的影響

浮心是水對人體浮力的合力點，是排開水的體積中心。重心是指重力的合力作用點。當物體各部位的比重均勻，重心就處於該物體的幾何中心上。身體的重心位置不是一成不變的，它會隨著身體姿勢的改變而改變。

當人體平臥水中，兩臂靠攏軀幹時，由於腿部骨骼較粗，肌肉發達，這一部分比重較大，又由於軀幹胸腔部分比重較小，因此，浮心靠近上體，重心則靠近下肢，所以，漂浮時易出現下肢下沉的現象。

如果改變身體姿勢，將兩臂前伸，就

會使身體的重心向浮心移動，使重心和浮心在同一垂線上（如圖一），即使是手腿不動，也能在水面上漂浮。為此，游泳時應注意通過手、腿動作來保持身體平衡。

另外，初學游泳時，一般應先學習腿部動作，以便使下肢上浮，有利於下一步的學習。

第二節　阻　力

當物體在水中運動時，要受到一個和物體運動方向相反的力，這個力就是阻力。我們在游泳時既要克服水的阻力加快向前的速度，又要利用阻力形成的反作用力加強向前的推進力。

實踐證明，物體在水中運動時所受到的阻力與相對速度、物體的截面積以及物體的形狀都有關係。

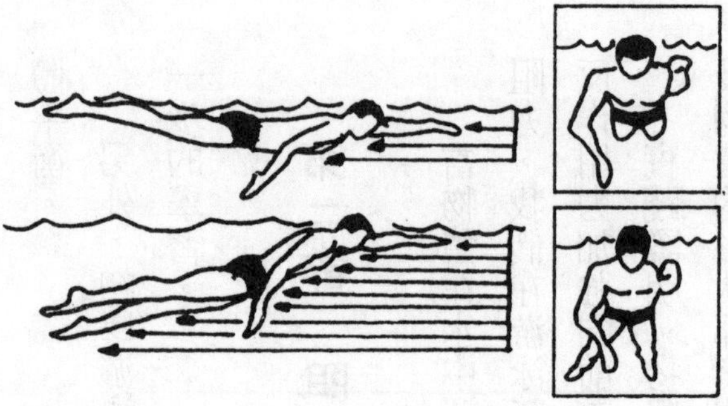

圖 2

一、阻力與投影截面的關係

與人體游進方向相垂直的平面上，身體所成的投影面積，叫做截面。阻力與截面成正比，截面越大，前進時阻力越大；截面越小，前進時阻力越小（如圖二）。為了克服前進時所受到的阻力，應盡量減小和游進方向相垂直的人體截面面積；為了利用水的阻力所形成的反作用力以產生向前的推進力，我們還應加大某些部位的截面積。

為此，游泳時應注意：

(1)游進時，盡量縮小身體截面面積，盡量使身體保持水平位置；

(2)頭部動作對身體有直接影響，呼吸時頭不應抬得過高，時間不宜過長；

(3)空中移臂的入水點應在肩的延長線上或縱軸與肩的延長線之間；

(4)對產生推進力的有效動作，如手臂向後划水、兩腿向後蹬夾水應盡量形成最大的阻力截面，以增加反作用力。

二、阻力和物體形狀的關係

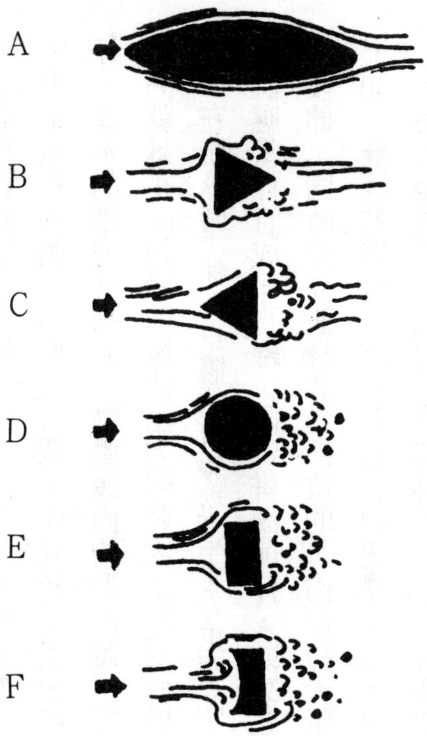

圖3

阻力和物體阻力系數成正比。通過實驗得知，在圖三中，六種不同形狀的物體，A的形狀阻力最小，人們通常稱此形狀為流線型體；F形狀的阻力最大；物體B和C形狀相同，但迎面形狀恰好相反，實驗結果C的阻力大於B的A阻力。這說明，物體前進時的阻力不但和物體正面形狀有關，而且和反面形狀也有關。物體前面的形狀越不好，受水的壓力就越大；物體後面的形狀越不好，產生的漩渦就越多，受水的壓力就越小。物體前後的壓力差越大，所受到的形狀阻力就越大。

在游泳時，保持身體的流線型是十分重要的。如在出發和轉身後的滑行中，身體應當伸直成一直線，兩臂併攏前伸，頭夾在兩臂之間，腹部收緊，兩腿併攏後伸，同時還要使身體各部位的肌肉保持一定的緊張度，以減少漩渦阻力。又如，蛙泳伸臂時，兩臂要直，肩盡量前伸，以減少迎面阻力。自由泳和蝶泳打水時，大腿伸得不夠直或勾著腳打水等，這樣都會在身後出現大面積的漩渦。漩渦阻力的產生，不僅要消耗額外的能量，而且還會影響游進的速度。

為了防止漩渦阻力的產生，游泳時，還應注意身體的側向擺動。如有的人在游泳時，不是直線向前游，而是向左或向右曲線游動，這種蛇形的游進方式，不僅增加了游距，而且也增加了體側後方的漩渦，因而增加了形狀阻力。根據凹面的物體所受的阻力大的原理，所以在划水時，手指應自然併攏，以免使水從指間流過，影響划水效果。

三、阻力與移動速度的關係

水的阻力與物體在水中移動速度的平方成正比。物體移動的速度增加二倍，阻力即增加四倍；物體移動的速度增加三倍，阻力則增加九倍。人游得越快，阻力就越大。例如：初學蛙泳時，通常是收腿快，蹬腿也快，蛙泳划臂時一開始就用力猛划水，到收手前時卻慢了下來，甚至在胸前停頓，這樣做不僅會增加水的阻力，而且還破壞了整個動作的連貫性，使臂腿配合動作紊亂，影響動作的完成，為此，游泳時應注意以下幾點：

(1)凡是為了推進身體前進的有效動作，都要迅速完成，盡量加快速度以獲得最大的推進力，且準備動作階段的速度應慢於有效動作階段的速度，以減少前進的阻力；

(2)盡可能保持勻速前進，做動作時應協調用力，避免時快時慢的現象。

四、阻力與流體特徵

阻力大小和流體特性成正比，密度越大，阻力也越大；反之，密度越小，則阻力也越小。空氣比水的密度小，所以空中移臂動作就比在水中省力得多。為此，游泳時應注意下列幾點：

(1)移臂應該在空中完成（蛙泳除外），但不能距水面過高；

(2)腿部的有效動作不應在水面上進行；

(3)手入水時（除蛙泳），不要用手掌平拍，應斜插切入水中，以免過多地帶入氣泡，影響划水效果。

第三節　作用於人體的諸力及其相互作用

游泳時除重心和浮力外，還要受到向前的引力及與其相反方向的水的阻力作用。游泳前進的速度就取決於引力與阻力的差。阻力越小，速度越快，也就是說，阻力不變時，引力越大，前進的速度就越快，並且速度一直增加到引力與阻力平衡為止。引力和阻力始終是相互作用的，當腿做動作時，將會產生向上的上升力，以抵抗腿的下沉。

游泳時，還要受到水的壓力的影響。當物體入水時，就會受到壓力，這個壓力作用於物體的每一點上，每下潛一公尺，水對物體的壓力就增加〇・一個大氣壓，這是物理學的普通常識。

人在水中游泳時，水對人體每一點上都有壓力，人在水面上游泳，身體所承受的水的壓力就已達到每平方公分〇・〇二～〇・〇五千克。如果游泳速度加快，壓力也會隨著增加。由於壓力的原因，會給呼吸造成困難，因此，游泳吸氣時一定要用力，呼氣時也要用力，將餘氣呼淨才能吸足氣體，來補充體內所需要的氧氣量。這是與我們日常呼吸的不同點。

以上簡單概括了一些力學基礎知識，並結合游泳動作總結了幾點注意事項。但是在學習游泳時，更重要的是自己多實踐和多體會，同時還應根據具體情況，靈活運用。

第三章　游泳技術與練習法

現代游泳技術的新發展不僅表現在理論方面，而且更具體地表現在各種泳式的技術方面。

第一節 怎樣與水交「朋友」

游泳運動是和水打交道，要學會游泳，就必須下水。但是人對水的特性不是天生就能掌握的，而是在和水打交道的過程中，逐步去摸索體驗和掌握的。在初學游泳時，並不是一開始就學習爬泳動作或蛙泳動作，而是從了解和體會水的特性開始，即我們通常所說的從熟悉水性開始。

一個不會水性的人，到了水裡就會不知所措，手忙腳亂，力不從心。因此，熟悉水性是游泳的一個重要環節，是游泳初學者通向成功的第一步。其目的主要是讓初學者體會與了解水的特性，逐步適應水的環境，消除怕水的心理，培養對水的興趣，掌握游泳的一些最基本的動作，如呼吸、浮體、滑行和站立等，為學習和掌握各種競技游泳姿勢打下良好的基礎。

一、水中走動練習

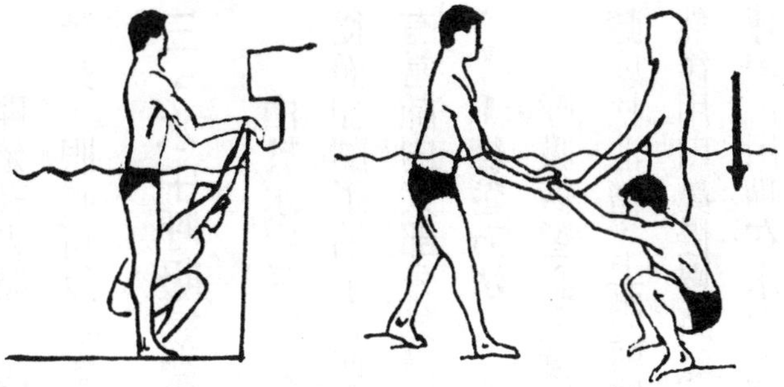

圖 4

初學者由於不熟悉水性，在初次下水時，往往思想緊張、害怕，動作不協調。水深齊胸時還會感到腳底不穩，頭重腳輕，呼吸困難。因此，初學者應在水中先練習行走，行走的速度由慢到快，兩手應與行走動作協調配合，可以用手撥水幫助行走，熟練後可在水中做追逐或走、跑、接力等遊戲。

二、頭浸入水和憋氣

這個練習的目的是使初學者進一步習慣水中的環境和壓力，消除怕水心理，掌握水中憋氣的方法。練習時，可在齊胸深的水中將頭部撩濕，深吸一口氣，屈膝下蹲，將頭部浸沒在水裡，憋一口氣，再用口慢慢將氣呼出，然後站起吸氣（如

圖四）。這個練習，可以使你避免怕水的心理。

開始練習時，可以扶池壁或在同伴幫助下手拉手進行，憋氣時間可以逐漸延長，眼睛可以逐漸張開，睜眼練習可以作為重點內容。

三、水中呼吸練習

由於水中呼吸方法和陸上截然不同，初學時會出現嗆水、吸不到氣等現象，從而加劇了怕水心理，嚴重影響學習進程。水中呼吸技術的關鍵在「呼」，只有當肺內大部分氣體排出體外後，才能再次吸入大量新鮮空氣。

1. 練習方法

呼吸練習必須貫穿整個教學始終。練習方法是兩腳並立站在水中，兩手扶膝或扶池槽，上體前傾使下頦接觸水面，吸一口氣後將頭浸沒在水中，稍憋氣，然後用口鼻慢慢將氣呼出，並逐漸抬頭，當嘴快露出水面時，迅速用力將餘氣呼淨，用嘴在水面上快而深地吸氣。多次重複，以達到熟練的程度。

2. 呼吸技術難點提示

(1)無論何時，都不能用鼻子吸氣，只能用嘴吸氣。鼻子只能用於呼氣或不參與呼吸，以防嗆水。

(2)無論何種姿勢，吸氣時一定要將嘴張大些，自然將氣吸進，而不要怕喝水而張小口向嘴裡抽氣，這樣會引起嘴周圍的水或頭上淌下的水抽進嘴裡而嗆水。喝水喝不死人，嗆水才能引起溺水現象。

(3)呼吸口訣：吸氣要多、快、滿；呼氣要慢、長、勻、自然；換氣要睜開眼睛看見嘴，離開了水再吸氣。呼淨才能吸足。

四、浮體練習

目的是體會水的浮力，控制身體平衡和水中站立的方法，進一步消除怕水的心理。

1.練習方法

(1)抱膝浮體：原地站立，深吸氣後閉氣，下蹲低頭含胸，下頦低至胸前，雙臂抱住膝關節成團身姿勢，用前腳掌輕輕蹬離池底，自然漂浮於水中。站立

圖5

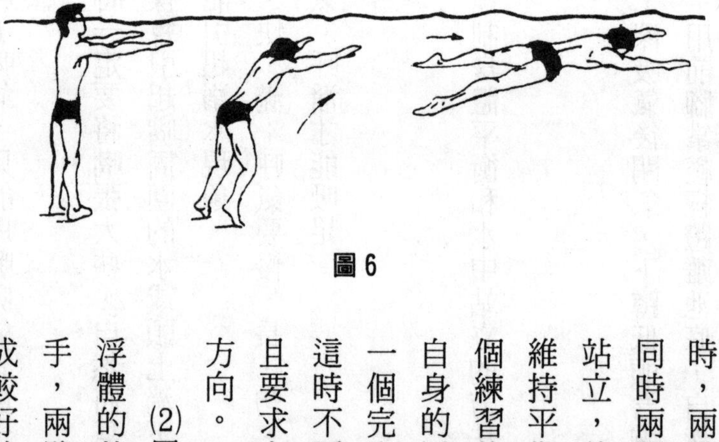

圖6

時，兩臂前伸下壓抬頭，同時兩腿下伸，腳觸池底站立，然後兩臂側平撥水維持平衡（如圖五）。這個練習的優點是：能了解自身的浮力情況，並且是一個完全在水下的練習。這時不要怕頭部入水，並且要求在水中睜眼睛辨認方向。

⑵展體浮體：在抱膝浮體的基礎上，閉氣，鬆手，兩臂兩腿自然伸直，成較好的流線型。開始練

習時，為了維持身體平衡，兩腿可適當左右分開，站立時，收腹、屈膝、收腿，兩臂向下壓水同時抬頭，兩腿向下伸，腳觸池底站立（如圖六）。

2.動作難點提示

(1)做浮體練習前，必須先學會水中站立，以確保安全。

(2)做浮體練習時，身體要展平，肌肉要放鬆，通過肢體的配合，調節重心與浮心的位置，了解平衡的條件。

五、水中浮體如何還原成站立姿勢

水中原地站立姿勢對初者來說，是一個原始的基本動作。我們學習水中浮體時，必須學會恢復原地站立姿勢。這一練習，無疑會消除初學者的害怕心理，同時能使初學者逐漸習慣和掌握在水中漂浮、滑行游進的動作。

1.練習方法

(1)可利用泳道浮標練習（如圖七）。

(2)用浮漂或浮板練習（如圖八、圖九）。

(3)雙人互相幫助練習，（如圖一〇）。

2.動作難點提示

(1)由俯臥還原時雙臂下壓，收腿，團身。雙腿伸直著池底，上體抬起，成站立姿勢（如圖十一）。

圖7

(2)做此練習時，要求不能慌，動作要慢，雙手下壓和收腿同時進行，當雙腳尚未著池底站穩時，雙手不要擦臉上的水珠，不要急於站起來，這樣容易失去平衡，使身體向前傾倒，造成慌亂。所以在練習時，一定要強調動作順序。

(3)如果僅用一次雙臂下壓動作而身體不能站穩的

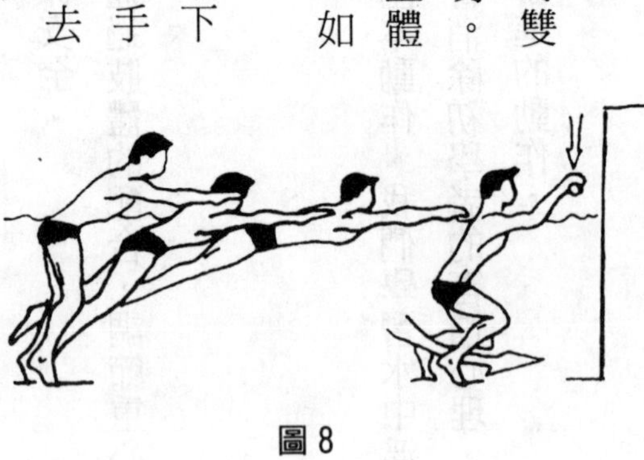

圖8

圖 9

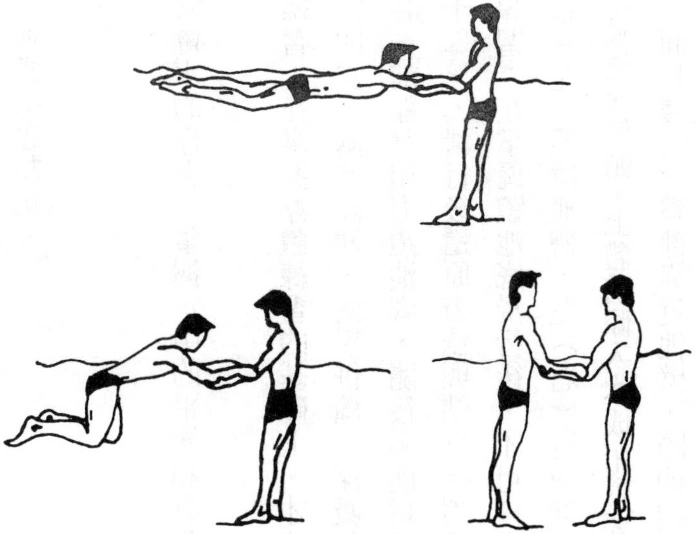

圖 10

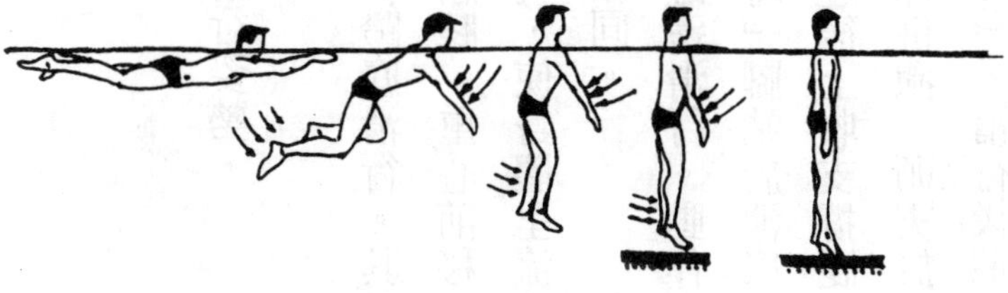

圖 11

話，可重複多次，直到能站起為止。

六、滑行練習

目的是進一步體會水的浮力，掌握水中的平衡和身體的滑行姿勢。

1.練習方法

(1)蹬池底滑行練習：在掌握浮體練習的基礎上，才能練習蹬底滑行。其動作方法是：兩腳前後開立，兩臂前伸，兩手併攏。深吸氣後屈膝，重心前移，當頭和肩浸入水中時，前腳掌用力蹬池底，隨後兩腿併攏伸直，使身體呈流線型向前滑行（如圖十二）。滑行後還原方法與站立浮體練習相同。

(2)蹬池壁滑行練習：在掌握蹬池底滑行後，才可以進行蹬邊滑行。動作方法是：背對池壁，右（左）手拉池槽，左（右）臂前伸，同時一腳站於池底，另一腳緊貼池壁。深吸氣後低頭，上體前傾入水成俯臥姿勢，之後上收支撐腿，兩腳貼住池壁（距水面較淺處）臀部靠近池壁，隨即兩臂前伸併攏，頭夾於兩臂之間，兩腳用力蹬壁，使身體呈流線型向前滑行（如圖十三）。滑行後還原

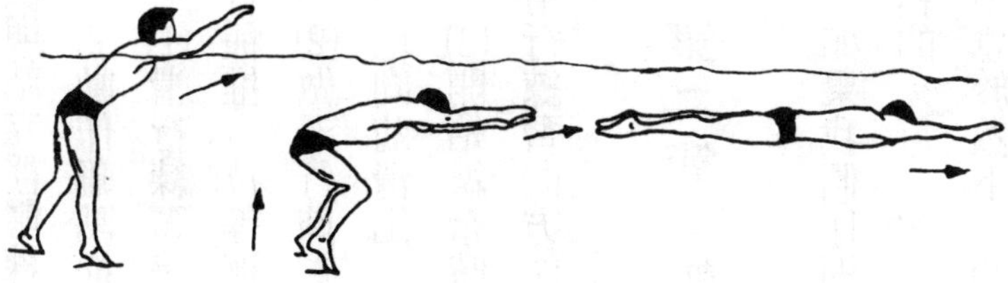

圖 12

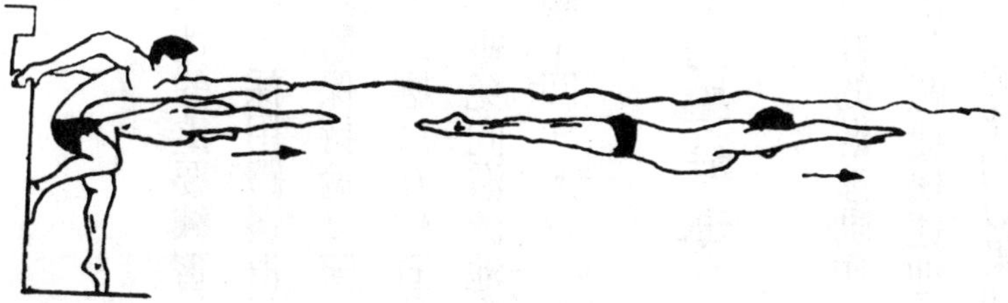

圖 13

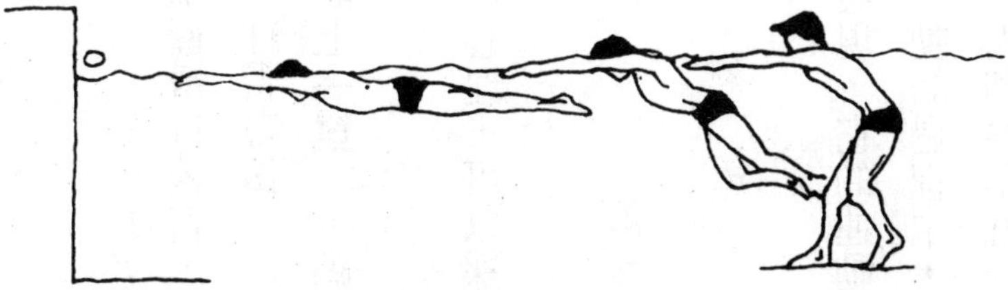

圖 14

方法與站立浮體練習相同。

2.動作難點提示

(1)滑行練習是熟悉水性的重要練習。為了更好地掌握滑行練習，可廣泛採用各種推、拉等練習手段，採用蹬邊滑行和賽遠比賽等練習方法。

(2)做滑行練習時，身體保持適度緊張，蹬壁時不能上「竄」，應使身體呈水平地向前滑出，蹬壁時頭應夾在伸直的兩臂之間。

(3)開始練習時，為了避免向游泳池中間滑行的害怕心理，可以採用面向池壁滑行練習的方法（如圖十四）。

第二節　輕鬆省力學蛙泳

如果我們仔細觀察青蛙的游泳動作，就會驚奇地發現，它的運動是有效而輕鬆的，每一次水都會使其輕捷快速地向前滑動。在滑動的過程中，它甚至可以不急於做下一個動作，但游泳的效果卻非常好。因此，人們很早就受到啟發，在生產生活中逐步發展完善了蛙泳技術。可以說，蛙泳是最古老，也是實用性最強的一種泳式。由於它的動作省力，呼吸簡單，並能充分利用水的浮力使人體長時間漂浮，因而很受游泳愛好者的青睞。所以，我們把蛙泳列為首學泳式，望青少年朋友能夠學會輕鬆省力的蛙泳。

一、蛙泳基本技術

1.身體姿勢 蛙泳在游進時，身體應俯臥在水中，在完成臂和腿的動作後幾乎成水平姿勢，兩臂向前伸直，兩腿併攏向後伸直，臉部浸入水中，後腦部始終露出水面，腰腹平直，使身體保持一定的緊張程度向前滑行，這時身體縱軸與水平面約成五度~十度角（如圖十五）。

當吸氣時，下頦露出水面，肩部升起，這時身體與水平面角度較大，約十五度角。

2.腿部動作 蛙泳腿部動作是推動身體前進的主要動

圖 15

力，腿部動作由收腿、翻腳、蹬腿、滑行四個連貫動作組成。

(1)收腿：開始收腿時，兩腿隨著吸氣動作自然向下，兩膝自然逐漸分開，小腿向前回收，腳跟向臀部靠攏，邊收邊分。收腿時，力量要小，要放鬆、自然。收腿結束後，大腿和軀幹約成一二〇度～一四〇度角，兩膝內側與髖關節同寬（如圖十六）

(2)翻腳：蛙泳蹬水效果的好壞，很大程度上取決於翻腳的技術。在收腿將要結束時，兩腳就開始做外翻動作，膝關節稍向內轉，使腳掌和小腿內側形成向後最有利的對水面。

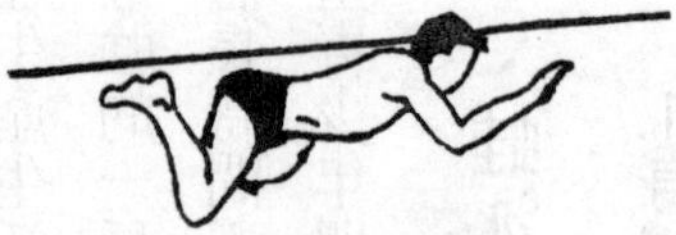
120°～140°

圖 16

(3)蹬夾水：這是腿的動作中產生推進力的主要部分，是通過伸髖、伸膝，以大腿、小腿和腳掌內側面向後做加速而有力的弧形蹬夾水動作。蹬水將結束時，踝關節伸直併攏做鞭狀動作。蹬夾水的方向是兩腿向後、向內運動，它的基本路線是前半段稍向外做蹬的動作，後半段向內，邊蹬邊夾一起進行。

(4)滑行：蹬夾水後，前進的速度較快，有一段短暫的滑行時間。滑行時，兩腿併攏，自然伸直，放平，以減少迎面阻力。

3.臂部動作　臂的動作能產生較大的推進力和一定浮力，使身體處於較高的位置，並同時配合腿的動作，保持勻速運動。臂部動作由開始姿勢、抓水、划水、收手和向前伸臂五個連貫動作組成。

(1)開始姿勢：兩臂自然向前伸直，並與水平面平行，掌心向下，手指自然併攏，使身體成一直線，形成較好的流線型。

(2)抓水：從開始姿勢起，手臂先前伸，並使重心向前，前臂和上臂立即內旋，掌心向外斜下方並稍勾手腕，兩手分開向側斜下方壓水，當手掌、前臂感到有壓力時，即刻開始划水。

(3)划水：划水是產生推進力量最有效階段。在緊接抓水動作後，加速向後划水，整個划水過程保持肘部較高的位置，其划水動作主要是拉的力量。划水方向是向側、下、後、內前方。划水路線是橢圓曲線（如圖十七）。划水力量是由小到大，划水速度是由慢到快。

划水時，前臂和上臂彎曲的角度是不斷變化的，當手臂划至兩臂夾角約一二○度時，即應連續過渡到向裡做收手動作，划水和收手時，手走的路線應在肩的前下方。

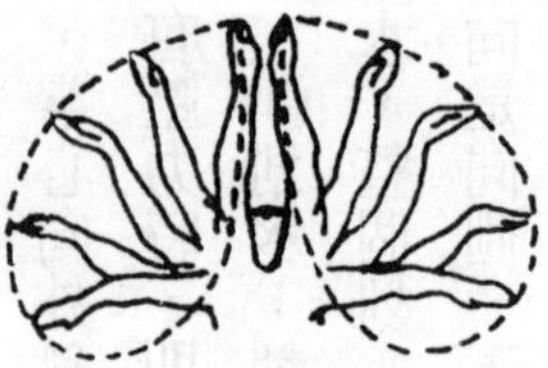

圖 17

(4)收手：收手是划水階段的繼續，收手過程也能產生較大的推進力和上升力。動作是由向內上收到頭的前下方，繼而成兩手掌向上，最後掌心向下併攏前伸。收手動作應當有利於做快速前伸手動作。

(5)伸臂：伸臂動作由伸直肘關節、肩關節來完成，掌心由朝上逐漸向下方，同時向前伸出。

4.臂與呼吸配合技術 游蛙泳時，多數採用的是中晚吸氣，呼吸是與臂的動作配合進行的。划水將結束時，稍抬頭嘴露出水面，用力將餘氣呼出，當嘴露出水面時，立即用嘴進行強而深的快速吸氣。收手和臂前伸時頭放平，稍閉氣後，用鼻和嘴慢慢呼氣，再開始第二次呼吸的循環動作。

5.臂、腿、呼吸動作的配合技術　蛙泳完整配合技術是臂划水一次，腿蹬水一次，配合呼吸一次。臂抓水和開始划水時，腿伸直不動，划水將結束時兩腿自然放鬆。收手時開始收腿，手開始前伸時收腿結束並翻好腳掌，臂前伸將結束時用力向側後蹬夾水。伸臂蹬夾水後，身體成一直線，向前滑行。

初學者採用早吸氣技術較為有利，也就是在兩臂開始抓水抬時頭呼氣，划水時用力吸氣，這樣有利於提高身體位置，便於呼吸。

在學習蛙泳技術前，要能自如地完成下列動作：敢於把臉和整個頭部沒入水中，在水中吐泡泡；敢於把身體漂浮起來，並能復原重新站起來；靠近池邊可以俯臥滑行，能滑行十公尺左右；能夠適應水中活動，例如站立划水、水中睜眼睛等。

二、蛙泳學習方法及重點提示

蛙泳學習一般採用分解練習法，先學腿後學臂和呼吸，再學臂、腿配合和完整配合。

1.**腿部動作學習** 目的是建立蛙泳腿的「收、翻、蹬、滑、行」的概念，學習腿部的完整技術。

(1)陸上模仿，按圖解做分解練習。

這種方法的優點是可以把動作停在任何一點上進行詳細觀察體會，使初學者對動作有更深的理解。具體方法是：

①如圖十八，坐在地上或池邊，上體稍後仰，兩手後撐地，雙腳併攏繃直。收腿時，足跟向大腿靠近，膝關節彎曲，雙腳分至約與肩同寬，在停止向上收腿動作時，足跟距大腿十五～二十公分。注意收腿要慢，邊收邊分腿，同時雙腳外展。由於採取坐姿，腿分開與地面接觸，這樣，練習者可以自己檢查外翻的兩腳是否符合要求。如果沒有問題，雙腿可做向後小弧形蹬夾水的動作。注意蹬夾動作要快速、連貫。

②如圖十九，俯臥凳上或出發台上，按上述要求，做蛙泳腿的模仿練習。先由同伴幫助自己被動做，再自己主動由同伴控制做，最後由自己獨立完成。先做分解動作，再過渡到完整動作練習。

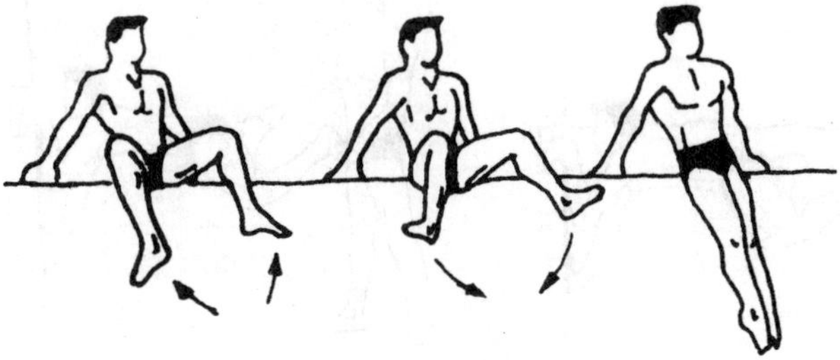

圖 18

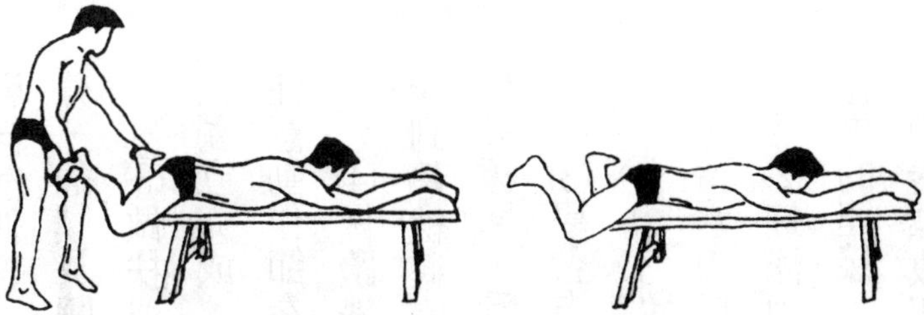

圖 19

可先做幾遍分解動作，學會後，像在水中游泳一樣，再做連貫動作。開始練習時，練習者可以按一、二、三、四或收、翻、蹬夾、停的口令進行練習，逐漸過渡到兩拍，最後是一拍完整動作練習。

(2)水中練習：

①一手抓池槽，一手反撐池壁成俯臥姿勢，由同伴幫助做同陸上練習②的內容（如圖二十），重點體會翻腳和弧形蹬夾水的動作。

②兩手扶浮板中後部，兩

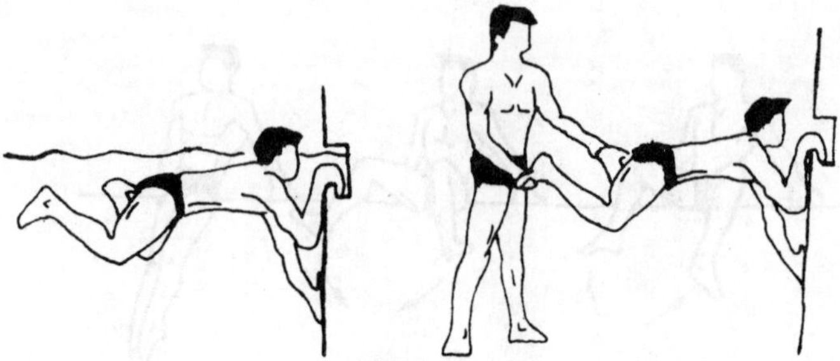

圖 20

臂向前伸直，由同伴幫助做同上練習。注意邊收邊分，翻腳及時，蹬夾連貫，用力恰當，注意節奏。

③做扶浮板蹬腿練習。或在同伴保護下，或自己獨立完成，逐漸加長游距，改進和提高腿的動作，注意動作節奏，踝關節要放鬆。

④做蹬邊滑行蛙泳蹬腿練習。反覆強化，直至達到熟練程度。也可進行觀摩或比賽，如看誰的動作最標準，看誰的蹬腿蹬的最遠等。

(3)學習方法提示：

①為了提高學習質量，確保練習者的安全，可先學習水中自我保護的方法。

②蛙泳中腿的學習重點是收、翻、蹬夾以及動作中的連接、節奏和時機，還有蹬腿的方向和路線。其節奏為收腿慢，蹬夾腿逐漸加快，在蹬夾動作完

成的一剎那，達到最大的動作速度。

③學習難點在及時而又充分地翻腳。做到翻腳時腳掌移出臂外側，用力勾腳掌，並保持到蹬夾過程結束。

④大腿發力，蹬夾同時結束。最後轉踝，綳腳，兩腿伸直併攏。

⑤腿部技術可以概括為：邊收邊分慢收腿，兩腳外翻對準水，立即向後蹬夾水，伸直併攏滑行一會兒。

(4)常見錯誤動作和糾正方法：

①收蹬腿時腳的部位太低。原因是大腿收得多，小腿收得少並未積極靠近臀部，蹬水後髖關節沒伸展。練習時要積極收小腿，少收大腿。蹬水時，大腿發力，大腿帶動小腿和腳加速蹬夾水，順勢將髖關節伸展開。

②收蹬腿時臀部上下起伏。一種原因是收腿時頭肩過低，收腹提臀，收大腿過猛過多。練習時應注意頭肩稍抬起，腰背肌適當緊張，使身體平臥水上，慢收腿，不主動收大腿。另一個原因是蹬腿時挺腹。練習蹬腿時腹肌應稍緊張，大腿用力，髖關節展直。

③蹬腿時沒有翻腳或一隻腳外翻，一隻腳繃直剪水。一種原因是小腿肌肉對翻腳動作未建立感覺和體會。練習時應多在水上做翻的強制性練習。另一個原因是繃腳尖形成動作定型。練習時應強調蹬水時保持翻腳、勾腳尖的狀態。有的個別初學者是因為動作概念不清。這時就應多注意觀察正確的動作。

④平收腿或蹬得過寬，先蹬後夾或只蹬不夾。一種原因是動作概念不清，收腿時兩膝外張。練習時應在陸上模仿，加深體會，同時應勤觀察正確的動作。另一個原因是受舊的動作定型影響。練習時可採用矯枉過正方法，收蹬時用繩固定兩膝距離，限制其外張。

⑤收腿時游速突減，蹬水時不走。其原因是收腳過快，收大腿過多。練習時強調慢收腿，成跪收，控制大腿與軀幹的夾角（約為一三五度）。另一個原因是蹬腿時腳與小腿不對水。練習時應強調慢收到位，小腿約與水面垂直。注意翻腳後蹬腿，並相對快些。

2.手臂與呼吸配合動作學習　目的是學習臂和呼吸的動作技術，提高划水效果。

圖 21

(1)陸上模仿練習：

①兩腳開立，上體前傾，兩臂向前伸直相併，掌心朝下。先按划（側斜下方划水）、收（向內收肘）、伸（向前伸臂）分三拍做蛙泳臂的動作，再按划、伸分兩拍練習，最後只用一拍做完整練習。

②同上練習加呼吸配合。強調滑下時開始抬頭，划水時吸氣，收手時低頭閉氣，伸臂時呼氣。整個呼吸由小到大，開始呼氣要小，然後逐漸加大呼氣量，口將出水時，進一步加速將氣呼出。呼與吸之間無停頓，口一出水面順勢快而深地吸氣。

(2)水中練習：

①站立在水中，做同陸上練習①的連貫動作。開始時，划水可不要用力，重點體會划水時的方向和路線，收肘時動作不要停頓，臂向前伸直後稍停

（如圖二一）。

②同陸上練習②的內容。

③走動中做同上的內容練習。由原地到走動，練習時要求在體會到划臂放鬆的基礎上，適當用力，借助划水反作用力向前移，體會臂與手掌的對水感覺。

⑶學習方法提示：

①開始練習時可多次划臂一次呼吸，然後逐漸過渡到一次划臂一次呼吸配合。強調臂領先，划臂不宜過大、過後。

②蛙泳中臂（與呼吸）的學習重點是划水的方向、路線和臂與呼吸的配合時間。學習難點是呼吸動作與節奏。要從陸上到水上，重點在水上反覆體會上述動作。開始學習時以早吸氣為主，如出現晚吸氣者可以不強行改為早吸氣，學會蛙泳後再改為晚吸氣。

③學習蛙泳臂的動作不宜分解過多，分解練習不可做得過久，注意收手時不要停頓。

⑷常見錯誤動作和糾正方法：

①划水路線太後，超過肩的延長線。其原因是划水過晚或過晚加速，練習時應注意伸肩滑下抓水，保持高肘提前划水。另一個原因是急於用力划水，以推動身體前進，收手過晚，練習時應注意屈臂划水，或用水線限制划水過肩。再一個原因是抬頭吸氣時間過長或吸氣時抬頭過晚，練習時應強調滑下時開始抬頭，划水時快而深地吸氣，收手時低頭吸氣。

②划水時手摸水。其原因是動作概念不清，練習時注意觀察正確的動作示範。另一個原因是划水時拖肘和手臂力量差。練習時應注意高抬肘，屈臂划水幅度小些，同時應加強手臂力量訓練。

③手臂前伸時邊伸邊划。主要原因是急於用划水前進或急於抬頭吸氣。練習時要有明顯的滑下動作。滑下時開始抬頭，划水時吸氣。

2.完整配合動作學習　目的是學習正確的臂與呼吸及腿的配合技術，以及手、腿協調用力的相互關係。

(1)陸上模仿練習：

①站立，兩臂向上伸直併攏，一腿支撐，一腿做模仿練習（如圖二二）：

圖22

1.兩臂向兩側划水；2.收手同時收腿，收腿即將結束開始翻腳；3.臂將伸直時蹬腿；4.臂、腿伸直稍停，然後逐漸連貫做。

②同上練習加配合抬頭呼吸動作。

上述練習，也可以改為單腿站立，身體前傾，另一腿向後伸直進行練習。

(2)水中練習：

①滑行後閉氣做臂、腿的分解配合練習，即划一次臂後，再做一次蹬腿動作。臂、腿交替進行，以建立臂先腿後的動作概念。

②在練習①的基礎上，過渡到收手時同時收腿，臂將伸直時蹬腿，做連貫配合練習。練習時閉氣進行，要強調蹬水結束後的滑行動作。

③同上練習加呼吸配合。由多次蹬腿、一次划臂逐漸過渡到一次臂、一次腿、一次呼吸的完整配合。

④反覆練習並逐漸增加游距，不斷改進技術。

(3)學習方法提示：

①學習完整配合游時，宜在一段時間內強調慢頻率、低游速、小划臂，有明顯的滑行和滑下動作，以保證集中注意力體會臂領先、腿和呼吸跟臂配合的技術，同時也便於呼得出和吸得進。

②完整配合游時，呼吸是難點，開始時可先假想抬頭吸氣動作，要求抬頭睜眼，但不呼吸，當嘴能較自然地露出水面後，再誘導做呼吸動作。先學會吸一口氣，再逐漸要求多吸幾口氣，直到協調地呼吸。

③完整配合游的重點是臂、腿配合的協調性，練習時可蹬三次腿，划一次臂，同時進行呼吸，即三：一：一，過渡到二：一：一，最後一：一：一。

④能配合游二十公尺左右後，即應強調加長距離游。當划水、蹬水能產生一定效果後，則應學習晚吸氣配合技術，並加大臂的划水幅度。

⑤可採用口訣的形式使練習者牢記各部分動作的協調配合。即：划水腿不動，收手又收腿，先伸手臂再蹬腿，臂腿伸直漂一會兒。

(4)常見錯誤動作糾正方法：

①蹬腿的同時划臂，對臂腿配合概念不明確，練習應強調先伸臂後磴腿，臂腿伸直有滑行。或兩臂前伸，先蹬兩次腿，划一次臂，然後再做一次腿一次臂的配合，同時注意觀察正確的動作示範。

②蹬腿的同時伸臂。一種原因是收腿過早過急。練習時應強調收手時收腿，先伸臂再蹬腿。另一種原因是臂划水結束後沒有及時轉入收手和伸臂而停留在胸前。可多在陸上做腿、臂配合模仿練習，划、收、伸應緊密連貫，不應有停頓。

③吸不到氣。其原因是吸氣前未呼氣或呼氣過早過猛，使呼與吸之間停頓。練習時應注意呼吸節奏，臂前伸時開始呼氣，口將出水加速呼氣，口一出水順勢吸氣。呼與吸要銜接。另一個原因是抬頭太慢，吸氣時間太短，練習時應強調滑下時開始抬頭，划水時吸氣。再一個原因是用鼻吸氣嗆水，練習時應在陸

上或水中反覆用口、鼻呼氣，用口吸氣。

第三節　速度冠軍——自由泳（自由式）

多數青少年朋友往往對激烈的競速比賽情有獨鍾。如田徑中的百米賽砲、摩托車賽、F—1方程式汽車賽等等。人們喜歡速度的對抗，當然在水中比賽也不例外。那麼，怎麼游才能最快呢？我們發現，同等水平下，爬泳堪稱所有游泳姿勢的冠軍。為什麼稱為爬泳呢？這是因為它是身體俯臥水中，依靠兩臂輪流划水、兩腿上下打水而向前游進的，這種姿勢的兩臂划水很像爬行，故而形象地稱為爬泳。爬泳也稱為自由泳，這是因為在自由泳比賽中，規則規定可採用任何一種姿勢。爬泳的速度最快，人們便普遍採用這種姿勢進行比賽，因此許多人又把爬泳稱為自由泳。朋友們，如果你想游得飛快，請學好爬泳技術。

一、爬泳基本技術

圖23

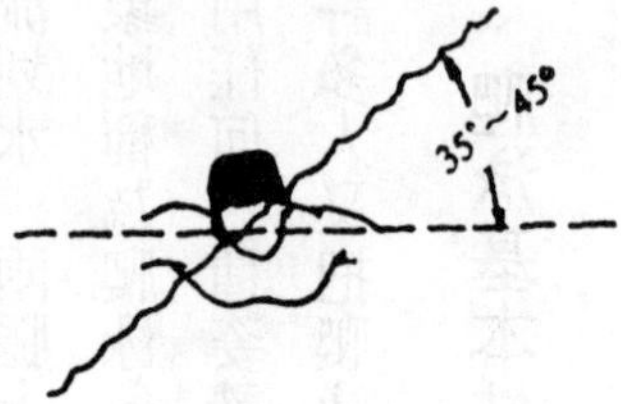

圖24

1.**身體姿勢**　游爬泳時，身體自然伸展，平直地俯臥在水中，背部和臀部的肌肉保持適度緊張，身體縱軸與水平面構成三度～五度角（如圖二三）。游進時，頭的姿勢要放平，兩眼視向前下方，水面在髮際或眉際處，後腦部分露出水面。頭的位置影響整個身體姿勢。頭不能抬得過高，這樣會導致軀幹過分彎曲，增加迎面阻力；頭部也不能過低，把頭埋在浪中，同樣影響游進速度。

在不影響臂划水力量和腿打水動作時，身體應圍繞縱軸有節奏地左、右轉動。轉動幅度為兩肩橫軸與水平面構成三十五度～四十五度角（如圖二四）。這樣有助於按最佳的划水路線划水，以最小的阻力出水和空中移臂。

2.**腿部動作**　打水動作可使身體保持均衡的穩

定姿勢，使下肢抬高，並能協調兩臂有力的划水動作，起一定的推進作用。

兩腿應上下交替打水。打腿幅度以兩腳跟的垂直距離三十～四十公分為宜，向下打水動作應有力，打水時大腿發力，帶動小腿和腳掌鞭狀打水動作。在腳掌和小腿尚未結束下打時，大腿開始改變動作方向，開始向上移動，向上打水時，膝關節伸直，踝關節要放鬆，便於減少前進時的阻力。兩腿打水動作要連貫，有節奏(見圖二五)。

3.臂部動作　游爬泳時，划臂是推動身體前進的主要力量。臂的技術由入水、抱水、划水、出水、空中移臂五個連貫動作組成。

(1)入水：臂入水時，肘關節略屈並高於手，手指自然伸直併攏，手指向斜下方切插入水或掌心向外側切入水中，動作要自然放鬆。臂的入水點應在肩的延長線上或在身體縱軸和肩的延長線中間。當身體轉動時，正好臂屈到身體下面，使划水更加有力，臂入水的順序是手→前臂→上臂。

(2)抱水：臂入水後，積極插向前下方，並逐漸開始屈腕、屈肘，保持高肘姿勢。划水開始，手臂與水平面成四十度角時，整個手臂動作像抱一個大圓球

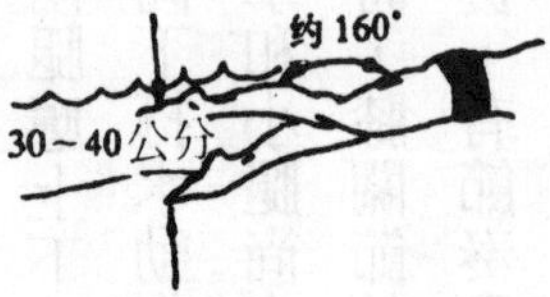

圖 25

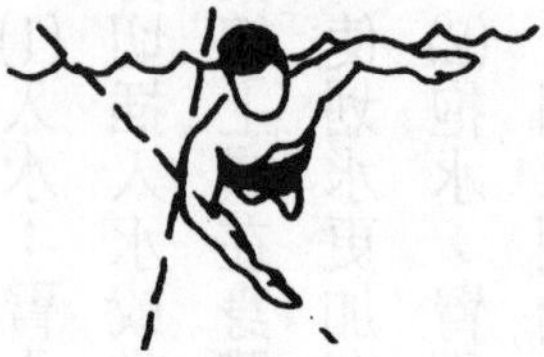

圖 26

一樣，使肩帶肌群充分拉開，給划水創造有利條件。

(3) 划水：划水是指手臂與水平面成四十度角起，向後划水至水面成十五度～二十度角止的這一動作過程，是獲得推進力的主要階段。這階段又分兩部分，從整個臂部划至肩下方與水平面垂直之前稱「拉水」；過垂直面後稱為「推水」。拉水是直臂到屈臂的過程，抱水結束時，屈肘為一五〇度左右，拉水時前臂的速度快於上臂，繼續屈肘，當臂划至肩下方時，手在體下靠近身體中線，屈肘約為九十度～一二〇度角（如圖二六）。整個拉水應保持高肘姿勢，使手和前臂能更好地向後划水。

從拉水到推水，應是連貫地加速完成，中間沒有停，特別是經過肩下垂直線時，不要失掉手對水的支撐感覺，要使上臂與前臂同時向後划動，同時肩部後移，以加長有效的划水路線。向後推水是通過屈臂到伸臂來完成的。整個划水動作中，手的軌跡是向下→向後→向上，划水路線呈「S」形。

(4)出水：在划水結束後，臂由於慣性的作用很快地靠近水面，應立即借助三角肌的收縮將臂提出水面。出水時，肩部和上臂幾乎同時出水，掌心朝後上方。手臂出水動作必須迅速而不停頓，同時應柔和，前臂和手掌應盡量放鬆，手掌的出水點應在大腿旁。總之，臂出水時不應破壞整個動作節奏。

(5)空中移臂：空中移臂的動作是手臂出水的繼續，不能停頓，移臂時動作應放鬆自如，盡量不破壞身體的流線型，要和另一臂的划水動作協調一致。在整個移臂過程中，肘部應始終保持在比肩部高的位置。

4.兩臂的配合技術　爬泳兩臂的正確配合是前進速度均勻的最重要條件之一。划水時，依照兩臂所處的位置不同，可以分為三種交叉形式，即前交叉、中交叉、後交叉。前交叉配合形式是一臂入水時，另一臂處於肩前方，與水平面構成三〇度角左右；中交叉配合形式是當一臂入水時，另一臂處於肩下垂直部位，與水平面構成九〇度角左右；後交叉配合形式是當一臂入水時，另一臂划水至腹下方，與水平面構成一五〇度角左右。

以上三種配合形式都各有其特點，對初學者來說，可以採用第一種形式，以便掌握爬泳動作和呼吸動作。採用第二、第三配合形式，有利於發揮兩臂力量和提高動作頻率，加快速度，保持速度的均勻性。

5.臂與呼吸動作配合技術 一般是兩臂划水一次，作一次呼氣、吸氣和閉氣動作。以配合右臂動作為例：當右臂划水於肩下方時，開始逐漸呼氣，然後邊呼氣邊向右轉頭；當右臂推水結束提肘出水時，向右側轉頭使嘴露出水面，用力完成呼氣動作，緊接著用嘴迅速吸氣，吸氣在空中移臂過肩時結束。然後閉氣並將頭轉正，閉氣至右臂划水至肩下方時又開始第二次的循環動作。

6.腿、臂和呼吸完整動作配合 完整的配合技術，是勻速地、不間斷地向前游進的保證，目前爬泳的配合動作中，有兩腿打水六次、兩臂划水各一次、呼吸一次的配合游法，簡稱六：二：一；另一種是兩腿打水四次、兩臂划水各一次、呼吸一次，簡稱四：二：一；兩腿各打水一次、兩臂各划水一次、呼吸一次的配合技術，簡稱二：二：一。另外還有不規則打水、交叉打水等多種形式的配合技術。

爬泳的各種配合方法各有其優缺點。六次打腿配合技術，能保證配合的穩定性，保持臂腿協調配合和保持身體的平衡，較適合於初學者的學習。

二、爬泳學習方法及重點提示

在學習爬泳技術之前，要能自如地完成下列動作：敢於把身體漂浮起來，並能還原成重新站立；靠池邊可以俯臥滑行，並能滑行十公尺左右；能夠適應水中活動，如睜眼等。

爬泳的學習一般採用分解學習法，先學腿後學臂（和呼吸），再學習配合動作。兩腿鞭狀動作是基礎，兩臂划水是主要動力，呼吸動作是關鍵。

1. **腿部動作學習**　目的是建立打腿概念，學習和體會動作過程。

(1)陸上模仿練習：

①坐在池邊或岸邊，兩手後撐，眼看稍內旋的兩腳動作，伸直腿交替打水練習（如圖二七－一）。

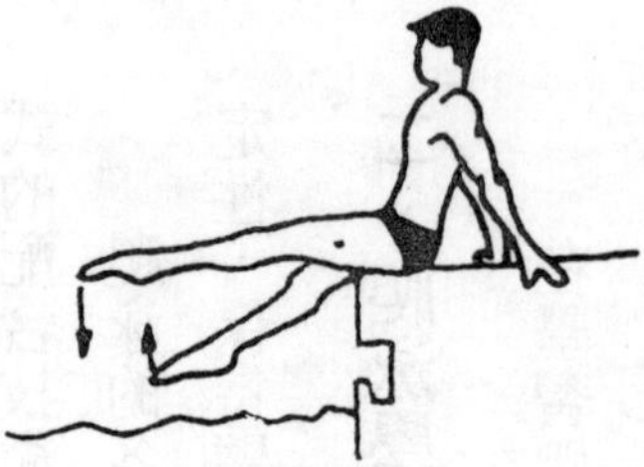

圖 27-1

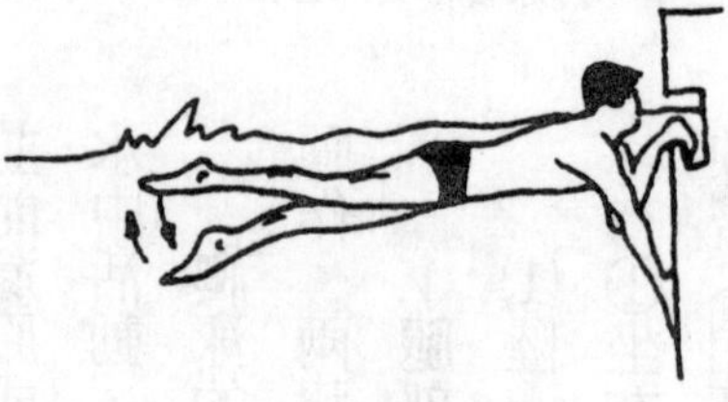

圖 27-2

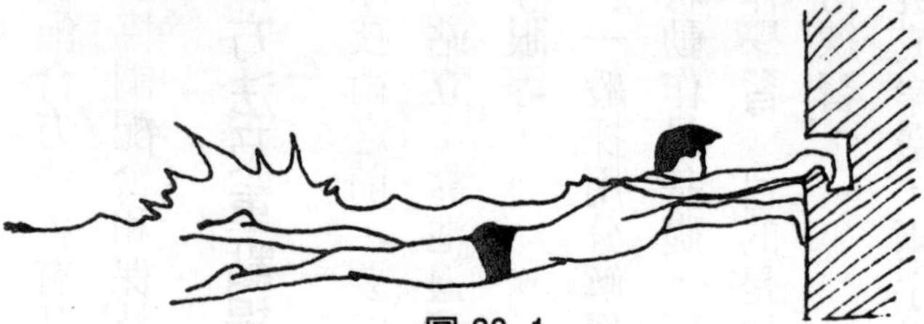

圖 28-1

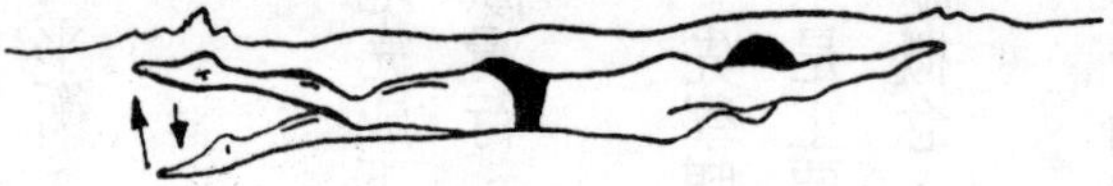

圖 28-2

②俯臥池邊或岸邊，做兩髖展開、大腿帶動小腿的打水動作練習（如圖二七—二）

(2)水中練習：

①手握池槽固定打水，成俯臥水平姿勢，做直腿打水練習（如圖二八—一）。

②蹬邊滑行，先直腿打水，逐漸過渡到膝、踝關節適度放鬆彎曲的鞭狀打水，注意髖要展開（如圖二八—二）。

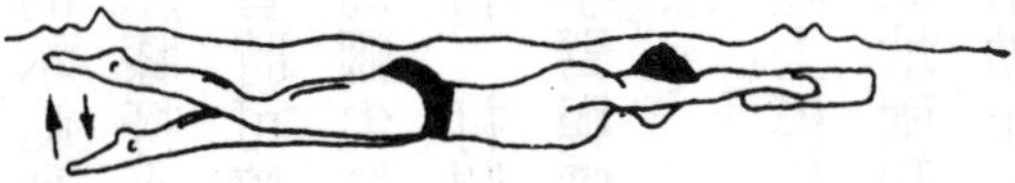

圖 29

③手扶浮板打水練習。注意兩臂伸直放鬆，肩浸入水中，手不要用力壓浮板，呼吸要自然（如圖二九）。

(3)學習方法提示：

①爬泳腿的重點是以髖為軸，學習的難點是大腿帶動小腿交替協調的鞭狀動作。

②做直腿打水有助於體會大腿帶動小腿的動作，不要急於過渡到屈腿打水。打水的髖關節要展開，踝關節要放鬆。

③爬泳打腿練習枯燥易累，宜多變換方式和方法。如陸上坐、臥交替；扶邊打水快、慢交替；滑行打水可單、雙臂在前與雙臂在後交替練習。隨打水距離增長，要與呼吸結合。

(4)常見錯誤動作和糾正方法：

①大腿不動，屈膝過大，小腿打水。原因是打腿動作概念不清，小腿過分用力。練習時可先用直腿打水矯正，體會大腿帶動小腿的動作，同時應注意觀察正確的示範動作。

②屈膝打水。原因是軀幹未充分展開或收腹。水中練習時，注意大腿上擺。陸上練習時可俯臥凳上，做直腿打腿練習，注意上抬大腿的動作，膝部不觸凳。

③勾腳尖打水。原因是動作過分緊張或踝關節靈活性差。可多做踝關節靈活性練習，打腿時要求繃直腳尖。

2.手臂與呼吸配合動作學習　目的是學習體會動作過程，明確划水移臂的正確概念。

(1)陸上模仿練習：

①原地兩腳開立，上體前傾做直臂划水模仿練習。重點體會空中移臂動作和臂入水動作，先單臂練，後兩臂交替練習（如圖三十）。

②同上練習，要求屈臂在身體中線划水，著重體會划水路線。除划水用力外，其他動作放鬆。移臂時肘高於手。

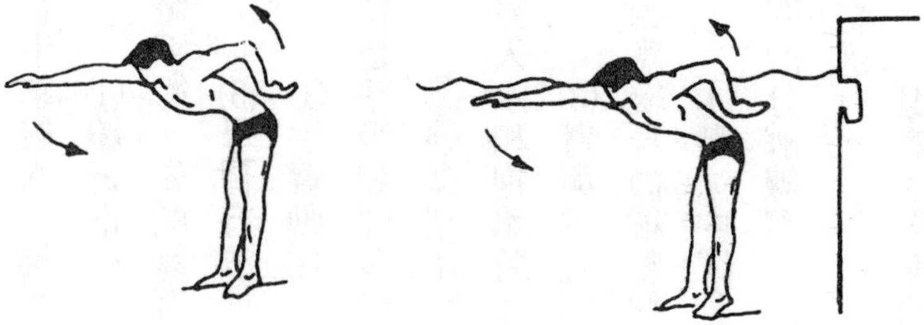

圖 30

圖 31

③呼吸練習。兩腳分立，上體前傾，兩手扶膝，做側轉頭吸氣練習（如圖三一）。

④同練習②，配合呼吸練習，在同側臂開始划水時呼氣，推水時轉頭吸氣。

(2)水中練習：

①站立淺水中，同陸上練習①的內容。

②站立淺水中，同陸上練習④的內容。向側轉頭吸氣時，頭不能抬高。

③同上練習，由原地過渡到走動，要求划水時適當用力。注

意手掌對水，推水時掌心向後。

④蹬邊滑行，做兩臂配合的划水動作，可在大腿處夾浮板或浮漂，幫助身體平衡。先閉氣游，然後逐漸增加呼吸次數。

(3)學習方法提示：

①手臂動作的學習重點是屈臂高肘划水和臂與呼吸的配合時機。學習的難點是呼吸和呼吸節奏。

②強調划水時保持高肘，除使掌心和小臂內側對水外，還應注意空中移臂。臂入水和抱水時，肘要保持較高的位置，為屈臂高肘划水創造條件。

③臂與呼吸的配合動作應強調臂領先，強調呼吸節奏，呼盡吸足。吸氣轉頭應繞身體縱軸轉頭，不要抬頭和向後吸氣。

④爬泳中臂動作的連貫性與節奏性較強，不宜做過多的分解動作和較長時間的分解練習。開始可按三拍（入水、划水、移臂）練習，最後必須連貫成一拍進行。

(4)常見錯誤動作及糾正方法：

①臂入水後向下壓水。原因是入水臂直和划水用力過早。練習時要求手指領先入水，入水後不要馬上用力划水，而要抓到水後才用力划水。

②划水時摸水。其原因是動作概念不清。練習時應著重注意動作，明確動作要領。另一個原因是沉肘划水和手臂力量差。練習划水時要求屈臂，肘高抬，掌心向後，同時還要加強手臂力量的練習。

③手沿縱軸外側划水和划水路線短。其原因是動作概念不清，應明確動作要領。另一個原因是臂入水點偏外或臂入水後過分向外側抓水和划水。划水時要注意屈臂，沿身體中線作「S」型划水，划水結束手觸大腿。再一個原因是沒有推水動作。練習時可採用矯枉過正的方法，改進入水點偏外的錯誤，要求手在人體縱軸延長線入水。

④划水結束時，身體下沉和出水困難。其原因是划水結束前掌心向上，沒有向後推水。練習時要求划水後程以掌心向後推水，利用慣性提肘，帶動臂出水前移。

⑤直臂移臂。其原因是動作概念不清和肩臂緊張。練習時應著重進行模仿

練習，加強動作概念及肌肉感覺。另一原因是舊動作的定型影響。練習時應強調移臂放鬆，高肘移臂，移臂前段可要求用拇指觸及身體。

3.完整配合動作學習 目的是學習、體會完整配合的節奏、時機及要求。

⑴陸上模仿練習：

①俯臥凳上、出發台、池邊等地，做臂、腿配合模仿練習。

②同上練習，加上呼吸動作。

⑵水中練習：

①滑行打腿，配合單臂划水練習，即一臂前伸，一臂划水。注意在臂划水時，腿不能停頓。

②滑行打腿，配合兩臂分解練習。

③滑行打腿，配合兩臂輪流划水練習。

④同②練習，要求從兩臂划水多次、呼吸一次，逐漸過渡到兩臂各划一次、呼吸一次。然後兩臂從分解練習過渡到前交叉配合練習或中交叉配合練習。

⑤逐漸增長游距，反覆多練，在練習中改進和提高技術。

(3)學習方法提示：

①配合練習時，應強調不停地打腿。首先抓好臂腿配合，再加呼吸配合，不宜過早強調呼吸，以免影響臂腿配合質量。

②完整配合游時，學習重點是臂腿配合，教學難點是呼吸動作。不一定非要六次腿配合。只要臂腿配合協調，划臂和呼吸時腿不停頓地打水即可。

(4)常見錯誤動作及糾正方法：

①配合不協調，游不遠。其原因是動作過分緊張。練習時應注意技術配合，放鬆慢游，逐漸加長游距。另一個原因是游得少，呼吸無節奏或吸氣動作不好。練習時應在陸上和水上多練呼吸動作。

②抬頭吸氣。主要原因是怕嗆水或用鼻吸氣。練習時應注意繞縱軸轉頭，用口吸氣。另一個原因是呼氣或轉頭過晚。練習時應注意呼吸和呼吸動作跟划臂配合，同時明確動作概念和要領。

③吸不進氣。其原因是吸氣不充分。應反覆練習呼氣方法，體會呼吸節奏。另一個原因是吸氣方法不對。呼氣與吸氣之間不要停頓，注意呼氣後順勢張口

吸氣。

糾正錯誤動作時，如果同時有幾個錯誤動作存在，就應首先糾正最主要的錯誤動作，然後再糾正次要的錯誤動作。有時把主要的錯誤動作糾正了，其他的錯誤動作也就附帶得到了糾正。

第四節　悠閒的泳式——仰泳（仰式）

仰泳，顧名思義，就是仰臥在水中游泳，因其動作優美，結構簡單，呼吸較其他泳式易掌握而深受初學者的歡迎。游泳者可以舒服地「躺」在水面上，通過優美而舒展的划臂以及腿部的配合向前滑動，給人一種悠然自得的感覺，就像一片飄落在水面上的花瓣，那麼恬淡自然，所以說，仰泳不失為一種悠閒的泳式。仰泳的學習有兩個次序上的特點：一是先學會仰浮，之後，轉入仰泳的學習，省時省力，效果頗佳；二是學會了爬泳之後，再學仰泳就較容易，這是因為仰泳和爬泳動作很相似，只是臥水姿勢不同，一個是俯臥，一個是仰臥。

因此，在學習過程中，這兩個特點是值得借鑒的。

一、仰泳基本技術

1.身體姿勢

仰泳時，身體幾乎水平地仰臥在水中，胸部自然伸展，與腹部成一直線，使身體縱軸與水平面構成較小角度，兩腿較平地延伸在後面，處於有利的踢水位置。頭在仰泳技術中起著舵的作用，並可控制身體左右轉動。頭要自然地仰在水面，後腦浸在水中，頸部肌肉放鬆，兩眼看後上方。臂部及腰部肌肉保持適度緊張，下肋上提，不要含胸。

游仰泳時，身體要不斷圍繞身體縱軸有節奏地左、右轉動，轉動的角度一般在四十五度左右。這樣既有利臂出水和空中移臂，也有利於加強臂的划水力量。

2.腿部動作

仰泳腿的動作，可使身體姿勢保持較高位置，保持平衡並能產生一定的推

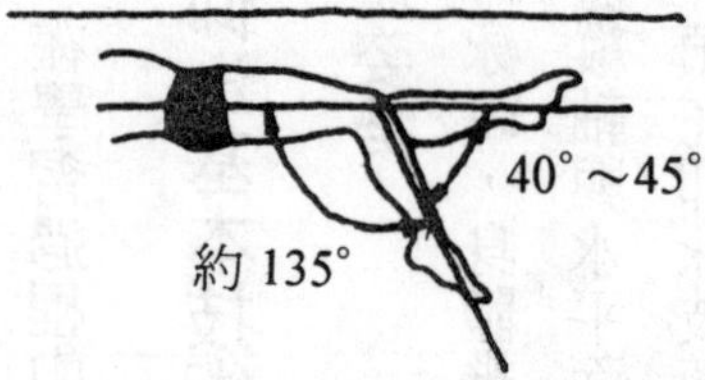

圖 32

圖 33

進力。仰泳的兩腿打水幅度比自由泳大，打水時，以髖關節為支點，由大腿發力，帶動小腿和腳向後上方踢水。向上踢水時，膝關節微屈，約成一三五度角（如圖三二），踝關節伸展，腳向內轉，動作要加速有力，向下打水時，膝關節自然伸直，兩腳跟上下距離約為四十～四十五公分。這個動作也就是人們通常所稱「上踢下壓」，即「屈膝上踢，直腿下壓」。

3. 臂部動作

仰泳臂的動作是推進身體前進的主要動力。仰泳臂的動作周期中分實效動作和恢復動作兩部分。實效動作包括下划、抱水和划水；恢復動作包括臂出水、移臂和臂入水。

(1)下划——抱水：臂入水後，隨著肩部下沉，肩背部肌肉收縮用力，使手臂呈直臂向外下後方划水，同時逐漸屈腕使手掌向後方對水。隨著下划動作至一定深度時，離水面約十五～二十公分深處，即向下沉肘屈臂抱水，使下划與屈臂抱水結合一起進行，手臂約在水面下三十～四十公分處完成抱水並繼續向後划水。

⑵划水：划水是產生推進力的主要階段。是這樣一個過程：在上臂由外下位置向體旁收夾的帶動下，手和前臂由抱水位置繼續屈肘向後上方划水，又轉而伸肘向後下內方向划水。屈肘動作使手的運動路線由下而向後、上、內方，至肩側時約在水面下五～十五公分處，此時屈肘角約為七十～一一〇度（如圖三三）。隨著繼續後划，屈肘屈腕又逐漸調節為伸肘伸腕，使前臂及手掌保持較大的擋水截面。

由於伸肘，使手由上而向後下方運動，直至大腿旁，在推水動作將結束時，前臂內旋並同時向內後方或向下方的扣腕，以加速划水過程。

從手臂入水下壓開始，在整個划水過程中都應是加速進行的，並應不斷調整屈腕和屈肘，使手掌和前臂內側面盡量向著後方，只有在最後扣腕划水時，才使掌心向內或向下方。划水結束時，手離水面應為四十公分左右。划水整個路線呈「S」形，有節奏地加速進行。

(3)出水：手臂划水結束迅速提出水面。正確的出水動作是先壓水後提肩，使肩露出水面後，由肩帶動上臂、前臂和手依次出水。划水結束時，手掌自然轉向下方，並靠攏大腿，用手臂內旋下壓的作用力和肩部三角肌收縮力量，手臂自然地提出水面。

(4)移臂：手臂出水後，應經同側肩的正上方直臂前擺，在移臂的後半程應盡量拉展肩部，並內轉手臂使掌心向外，在肩的延長線上直臂入水。注意移臂時所成的扇面應該垂直於水平面，手臂入水前，肩部應做最大限度的拉展，但必須在與縱軸平行的肩的延長線上，任何偏側的動作都會引起身體的左右搖擺，更影響入水動作的正確性。

(5)入水：手臂應直臂入水，掌心向外，小指先行切入。入水點應在肩的延長線上，或在肩的延長線與縱軸之間，這樣可使手臂在入水時的擋水截面控制在最小的範圍，並使下划動作不致引起較大的側向分力。

4.兩臂的配合技術

仰泳兩臂的配合採用「連接式」的技術，即當一臂划水結束時，另一臂已入水並開始划水；一臂處於划水的中部，另一臂正處於移臂的一半。在整個臂的動作過程中，兩臂幾乎都處於完全相反的位置，這樣的配合能保證動作的連貫性和速度的均勻性，而且還有助於划水力量的加強。

5.腿、臂與呼吸動作的配合

仰泳的呼吸和其他泳式一樣，應有嚴格的節奏，並習慣有節奏的深呼和深吸，才能保證最大的吸氧量供給肌肉血液能量代謝的需要，通常是划臂二次，呼吸一次，即當一臂移臂時用口進行吸氣，然後做暫短的閉氣，當另一臂移臂時進行呼氣，初學仰泳的人，往往不是採用兩臂各划水一次呼吸一次的方法，而是每個臂部動作都呼吸一次，這種短淺而急促的呼吸方法是不合理的。

現代仰泳配合技術多採用的是六：二：一的配合形式，即六次打腿，二次划臂，一次呼吸。這種配合技術能有效地發揮臂和腿的作用，使身體保持平衡和處於較高的位置，有利於初學者的學習。

二、仰泳學習方法與重點提示

在進行仰泳學習前，應做一些有利仰泳學習的練習，如心理練習，消除怕水和恐懼心理，可做一些臉部浸入水中或水中吐泡泡、吐氣等練習。儘管游仰泳時臉部露在水面上，但水會沒過臉部是不可避免的，所以可以做些適應性練習，如身體仰臥伸展並恢復原位；從池壁蹬出仰臥滑行，踩水和在水中睜眼，仰浮恢復站立姿勢等。

仰泳和爬泳動作很相似，只是在臥水姿勢上有所不同，其學習順序同爬泳一樣。

1. 腿部動作學習

目的是建立打腿概念，體會上踢下壓鞭狀打水動作。

(1) 陸上模仿練習

①單腿支撐站立，另一腿向後伸並以大拇趾略點地，以大腿帶小腿，使腳的大拇趾沿地面屈腿踢出。然後大腿帶動小腿直腿後壓，模仿鞭狀踢水動作。

②坐在池邊、地上或台上，做仰泳打水的模仿練習（如圖三四），著重體

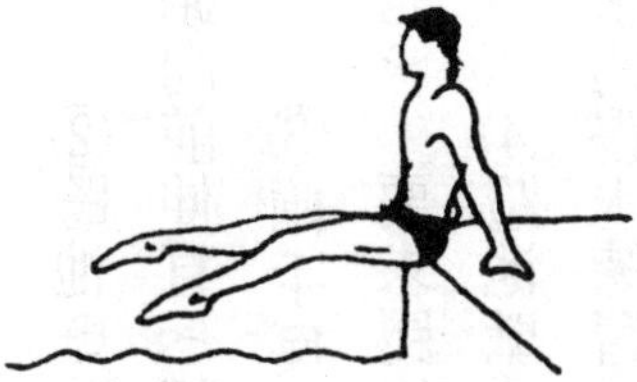

圖 34

圖 35

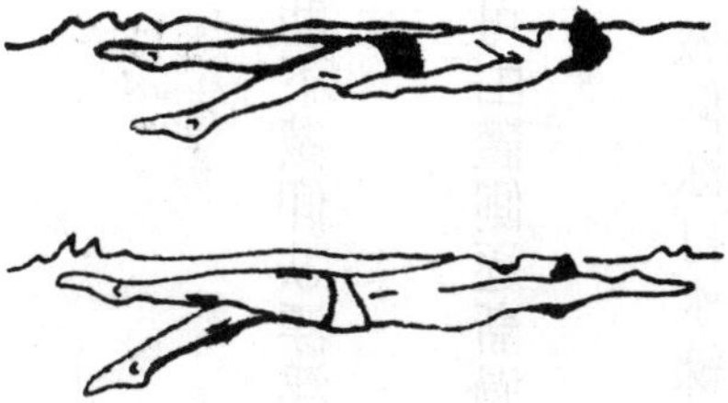

圖 36

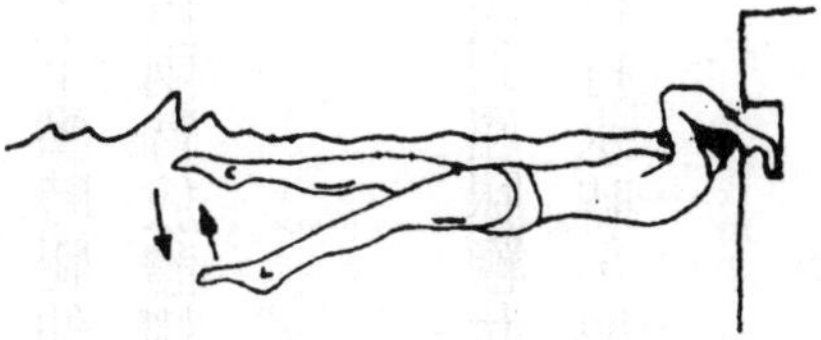

圖 37

會直腿下壓和屈腿上踢動作。

(2)水中練習：

①深吸氣後，頭和上體慢慢後仰，在同伴的幫助下做仰臥漂浮練習（如圖三五）。

②蹬池壁或池底，仰臥做漂浮滑行練習，兩臂可由體側逐漸過渡到兩臂夾頭向前伸直（如圖三六）。

③兩手反握池槽或池水較淺時兩手撐池底，做仰泳打水練習（如圖三七）。要求踢出水花向後，踢水時膝、腳不露出水面，下壓時腿伸直。

④蹬池壁或蹬池底滑行，做仰泳腿打水練習。先做兩臂放體側、兩手撥壓水的踢水練習，再做單臂或雙臂伸直的踢水練習。

(3)學習方法提示：

①初學者學習仰泳時，可先教直腿打水，然後過渡到屈腿鞭狀打水。

②正確的仰泳身體姿勢是重要的。在學習仰臥滑行打水時，要注意髖關節展開，並保持頭部的正確位置。

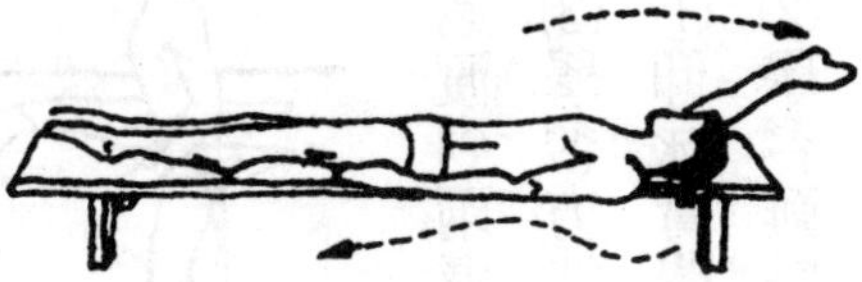

圖38

③學習難點是鞭狀踢水和直腿下壓動作。

(4)常見錯誤動作和糾正方法：

①小腿踢水。原因是動作概念不清楚，動作緊張，主動屈小腿。練習時強調大腿直腿下壓，大腿帶動小腿屈膝向上踢水，或用直腿打水改進，同時要明確要領。

②踢水時膝部露出水面。原因是髖關節未充分展開，收髖踢水，大腿直腿下壓不夠，膝關節發力。練習時，要求髖關節充分開展，以髖關節為軸，大腿積極下壓或直腿打水。

2.手臂動作學習　目的是學習體會動作過程，建立划水移臂的正確概念。

(1)陸上模仿練習：原地站立或仰臥凳上、台上等地，模仿仰泳臂划水練習（如圖三八）。先做單臂動作，後做兩臂配合練習。先要求直臂划水，逐漸過渡到屈臂划水。

(2)水上練習：

①在水上後退走動，做兩臂划水練習。

②由同伴抱住兩腿（如圖三九）或大腿夾浮板仰臥做臂划水練習，要求同陸上兩臂配合練習。

③在仰泳上下打水基礎上，做單臂划水練習，逐漸過渡到兩臂划水。

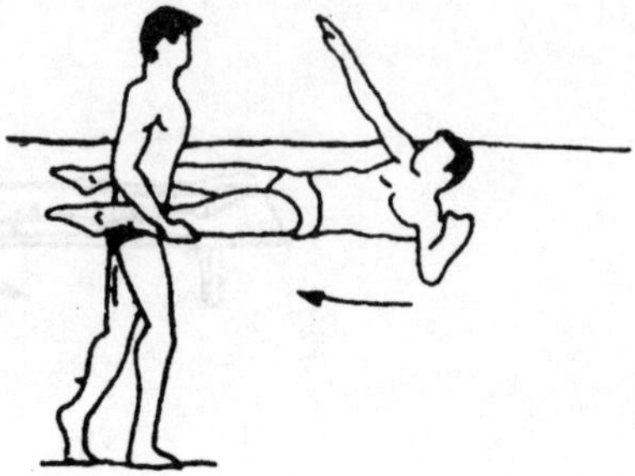

圖 39

(3)學習方法提示：

①仰泳臂學習的重點是屈臂高肘加速划水。

②學習難點是兩臂「連接式」的配合。學習中應注意臂入水後深抓水和屈臂划水動作的正確完成，為屈臂划水創造條件，划水結束時臂不能在體側停頓。

(4)常見錯誤動作及糾正方法：

①兩臂划水動作不連貫。原因是完整配合概念不清，划水結束時，臂在體

側停頓。要弄清配合的動作要領，先在陸上做兩臂配合的模仿練習，水中練習時，要求划水結束立即提臂出水。

②臂划水用力過早。原因是急於划水使身體前進。練習時，強調臂入水後做深抓水，屈臂抱水後再開始划水，同時還要注意觀察正確的動作示範。

③臂入水點過於偏外。原因是動作概念不清，或肩關節靈活性差，使肩、臂無法充分拉開。應注意正確的動作示範，同時還要加強肩關節柔韌性練習。水中採用矯枉過正法，要求入水前充分拉開肩帶肌群，使手在頭的前方入水。

3. **完整配合動作學習**　目的是學習體會雙臂交替向後划水，兩腿不停地做交替踢水動作，手、腿與呼吸的比例是二：六：一。

(1)陸上模仿練習：仰臥在輔助凳或台上，做兩腿不停打腿動作與兩臂動作配合的模仿練習。

(2)水中練習：

①在水中仰臥踢水的基礎上，配合單臂划水動作，另一臂要求在體側或在肩前，並要求在臂划水時腿不停頓。

②同上練習，配合兩臂輪流划水動作，注意臂不要在大腿旁停頓。

③同上練習，加有節奏的呼吸配合。

④逐漸加長游距，改進技術。

(3)學習方法提示：

①仰泳完整配合的學習重點，是臂、腿配合的節奏，和身體呈「平躺式」姿勢。

②學習難點是臂腿配合。做配合練習時要強調腿不停地打水，開始練習時要強調臂腿較輕鬆地配合，兩肩要有適度的轉動。

(4)常見錯誤動作及糾正方法：

身體不舒展和下沉，臂、腿配合慌亂，原因是含胸、收腹，屈髖坐著游，腿踢不起來。另一個原因是怕嗆水，抬頭過高，急於划水，練習時，要求後腦浸入水中，略挺胸，腰部肌肉適度緊張，臀和下肢伸展；降低划水頻率和游速，強調後腦枕於水中，注意呼氣用口、鼻，吸氣用口。

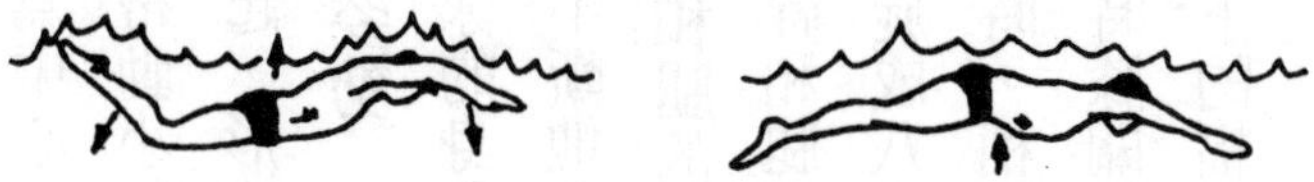

圖40

第五節　瀟灑、美麗的蝶泳（蝶式）

蝶泳，因為它的手臂動作與蝴蝶飛行時翅膀的動作相仿，所以被人們叫做蝶泳。而從蝶泳的軀幹和腿的動作來看，游動更像海豚一樣優美，所以，它被人們稱為所有泳式中游起來最漂亮，最瀟灑的一種泳式。蝶泳在競技游泳中技術最為複雜，而且對游泳者的身材素質要求也較高，這對初學者來說，難度比較大，因此，宜在初學者熟練地掌握了前三種泳式後再學習蝶泳。

一、蝶泳基本技術

蝶泳是身體俯臥水中，依靠兩臂經空中移臂入水後的向後划水，軀幹和兩腿上下形成波浪動作而游進的。正確的蝶泳技術是以腰部為中心，軀幹和腿做有節奏的擺動動作（如圖四十）。發力點在腰部，以大腿帶動小腿，做上下的鞭狀打水動作，而這些動作與頭和臂部動作緊密聯繫在一起，形成海豚所特有的波浪動作。

1.身體姿勢

蝶泳的身體姿勢與其他三種泳式不同，它沒有固定的身體位置，軀幹各部分和頭不斷地改變彼此間的相對位置，由於波浪動作，自然形成上下起伏。

2.軀幹和腿的動作

軀幹和腿的動作是身體前進的動力之一。打水時，兩腿自然併攏，雙腳掌稍向內旋成八字，以腰腹發力壓肩提臀，帶動腿向後下方做鞭狀打水。屈膝向下打水時，稍提臀收腹，打水結束時膝關節伸直。向上打水時直膝稍挺腹，打水結束時膝關節微屈。向下打水時應用力快速進行。向上打水時要自然。打水動作上下的幅度約四十～五十公分（如圖四一）。

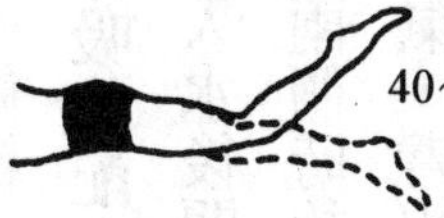

圖41

3.臂部技術

兩臂划水動作在蝶泳中起著主要的推進作用，它是各種游泳姿勢中所產生的推進力最大的一種。划水時，兩臂的動作要對稱地進行，與自由泳臂的動作結構基本相同。包括入水、抱水、划水、出水，空中移臂五個連貫動作組成。

(1)入水：兩臂同時在兩肩延長線的兩側斜插入水，臂入水時，手掌領先，小臂、大臂依次入水，入水時肩要向前向下伸，肘部保持較高的位置。入水後頭和肩的位置均低於肘。

(2)抱水和划水：當兩臂入水後，手和小臂內旋向側下方抓水，接著兩臂逐漸向內彎曲，高抬時，使手掌和前臂成主要的對水面。在進入划水階段時，使肘保持較高的位置，隨後即做加速划水動作。在划水的前半部分，上臂內旋動作和逐步加大屈臂動作是同時進行的，當兩臂划至肩下方時，小臂與大臂之間的角度成九〇度～一一〇度，然後，手掌、小臂、大臂一起繼續加速向後推水，

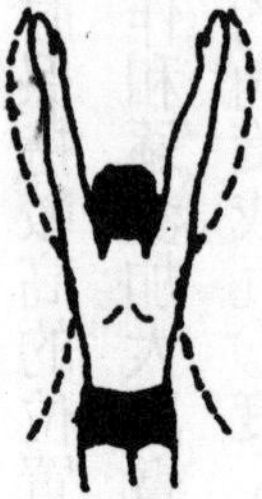

圖 42

在推水過程中，小臂和大臂的角度逐漸加大，划至腹下時，兩手距離最近，然後兩手弧形向外推水而結束整個划水動作。兩臂的划水路線是兩條對稱曲線，有人稱之為「漏斗型」划水路線（如圖四二）

(3) 出水：推水結束後，利用推水速度的慣性提肘，迅速將臂和手提出水面。

(4) 空中移臂：臂出水後，由肩帶動上臂、前臂，在身體兩側快速由空中向前擺動。移臂時，整個臂部動作要自然放鬆，手距水面不要提得過高，肘和手幾乎在同一條線上，擺至肩前方時，肩處於較高的位置。

4. 臂與呼吸的配合

當臂入水後開始用鼻和嘴慢呼氣，兩臂進入划水階段時，稍仰起下頦，推水至大腿兩側時抬頭，嘴將露出水面時用力將餘氣呼出，接著嘴露出水面迅速張嘴深吸氣，臂出水後往空中移臂過肩時閉氣。

5. 臂與腿打水的配合

蝶泳配合技術應該是速度均勻，節奏明顯，每次打水的間歇時間大致相同，打水連貫有力。現代蝶泳技術中均採用二：一：一的配合形式，即二次打腿、一次划臂、一次呼吸的配合技術。其方法是：兩臂入水時做第一次向下打水，能較好地發揮軀幹和腿的作用，保持游進時良好的均勻速度，並能減少移臂時身體下沉。臂抓水時，腿向上。當兩臂划至胸、腹下部時，開始做第二次向下打水，這時游進速度比較快，身體位置也比較高，做第二次打水不僅能產生推進力，而且可以使下肢得到支撐，使身體成較好的流線型，可增強划水效果。臂推水結束，打水也結束。

移臂時，腿又向上準備做下一周期的打水動作。

二、蝶泳學習方法與重點提示

蝶泳技術比較複雜，因而在學習中，應充分利用動作技能轉移的規律，以促進掌握各種動作。

1.軀幹和腿部動作學習

目的是學習蝶泳軀幹和腿的波浪動作。

(1)陸上模仿練習：

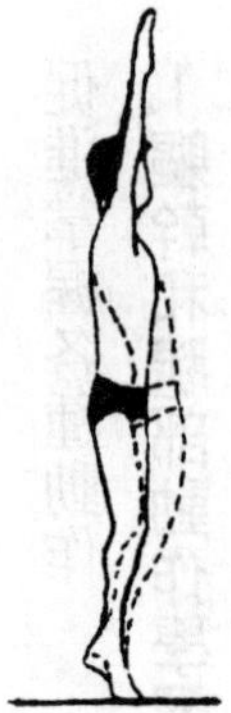
圖 43

原地站，兩臂上舉伸直。腰腹前後擺動，模仿蝶泳波浪動作。也可靠牆站立，做上述練習，當臀部後擺以臀觸牆時，立即腰發力帶動腰腹擺動，體會腰發力的動作（如圖四三）。

②同上練習，但一腿支撐，另一腿參與蝶泳波浪動作，重點體會腰發力，大腿帶動小腿，直腿向上、屈腿向下的鞭狀動作。

(2)水中練習：

①蹬池壁潛入水中，體會海豚泳的波浪動作。

②扶池邊或池槽練習蝶泳的軀幹和腿的動作，先做爬泳打腿，然後兩腿併攏過渡到蝶泳打腿動作。

③蹬邊滑行後做蝶泳打水練習（如圖四四）。

(3)學習方法提示：

①蝶泳軀幹和腿的波浪動作的學習重點是腰發力，有節奏地上下擺動，呈鞭狀打水。

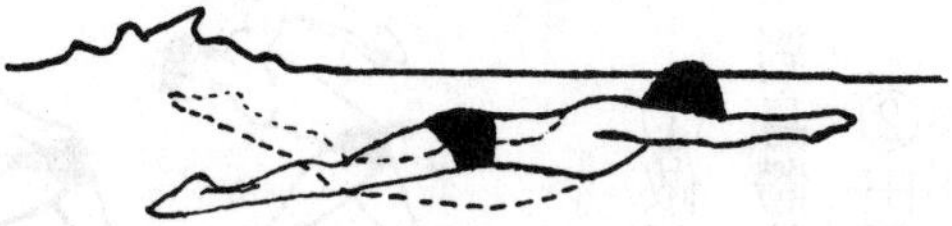

圖 44

②學習難點是髖、膝、踝關節與軀幹協調用力，防止過度屈膝和過度收腹打水。

③注意有直腿向上動作，向上打水不需用力過大，以免破壞節奏。

(4)常見錯誤動作和糾正方法：

①屈髖打水或無波浪動作，原因是對動作發力概念不清，機械地收腹和挺腹的打腿動作。練習時要求軀幹積極參與腿的動作，開始時兩腿可先做爬泳腿，然後腰腹再做動作，兩腿併攏打水。

②小腿屈伸打水，原因是沒有用腰腹力量，大腿沒有帶動小腿。練習時小腿自然伸直，收腹送髖，大腿帶動小腿做小幅度的慢打。

③手、頭、肩上下起伏大。原因是動作概念不清。練習時要求手、頭、肩相對固定，腰腹用力時，只是兩腿上

下動。同時還應注意動作配合時機。

2.手臂與呼吸配合動作學習 目的是學習臂和呼吸技術，掌握高肘抱水和「S」型划水推至大腿等技術特點。

⑴陸上模仿練習：

①兩腳前後開立，上體前傾，模仿蝶泳兩臂轉肩移臂和划水動作（如圖四五）。

②同上練習，配合呼吸。

⑵水中練習：

圖45

①做同陸上①和②的內容。先原地做，後走動做，要求體會划水路線和划水對身體的推動作用，以及臂與呼吸配合時機。

②由幫助者抱住練習者雙腿浮起，進行划臂練習。

③兩腳蹬池底，兩臂向後划水使身體向前上躍起，吸氣，低頭入水閉氣，兩臂經空中向前躍起，吸氣，低頭入水閉氣，兩臂經空中向前移臂，兩臂在肩前同時入水、開始呼氣，收腿站起，反覆進行練習（如圖四六）。

圖 46

(3)學習方法提示：

①臂划水動作的學習重點是：強調臂進入划水階段應屈肘，使肘處於較高位置做「S」型加速划水。

②學習的難點是呼吸的時機和呼吸節奏。開始學習時採用早吸氣技術比較適宜。

③划臂動作必須先伸臂後划水，邊推水邊提肘出水，借助慣性移臂。

(4)常見錯誤動作及糾正方法：

①手臂划水後出水移臂困難。原因是划水結束後掌心向上，還有是最後推水無力。練習時應注意最後推水時要加速，利用慣性提肘轉肩，向前移臂。

②直臂划水。原因是動作概念不清，練習時要求屈臂高肘划水，掌心向後。同時還應注意觀察正確動作。

3.完整配合動作學習　目的是學習蝶泳兩次打腿一次

划臂的配合技術與節奏。

⑴陸上模仿練習：

兩腳前後站立，兩臂放體側，模仿蝶泳臂腿配合。移臂入水是做第一次打腿，抓水時腿開始後移，臂划至胸腹下時打第二次腿，熟練後加呼吸配合。

⑵水中練習：

①做三～四次蝶泳打水、手臂划水一次的練習，然後逐漸過渡到打兩次腿一次划臂。

②同上練習，加呼吸配合。

③逐漸加長距離，在反覆游中改進技術。

⑶學習方法提示：

①學習重點是臂、腿配合動作及其與呼吸配合的時機。

②學習難點是第二次打腿的用力時間以及臂腿配合的協調性和連貫性。

⑷常見錯誤動作與糾正方法：

①臂和腿脫節。原因是腿第二次打水過早或臂在前面停留過久，未掌握好

配合節奏。練習時應加強陸上模仿，加深體會，要求臂入水後立即做抓水、划水動作，臂划至胸腹下打第二次腿。

②小腿打水，軀幹無波浪動作。原因是臂入水時，不積極低頭、提臀。練習時應注意臂入水時積極低頭、提臀，膝關節伸直，向上直腿打腿。

第六節　游泳出發技術及練習方法

一、游泳出發技術

游泳比賽的開始稱為出發，出發技術的好壞，直接影響游泳比賽開始游進的速度和游泳成績。出發動作要求反應快，空中停留時間短，跳得遠，以及有利於入水後游泳動作的發揮。

在游泳比賽中，出發技術有兩種：一種是站在出發台上，雙腿蹬離出發台跳入水中，這種出發主要適用於自由泳、蛙泳、蝶泳；另一種是在水中，面向

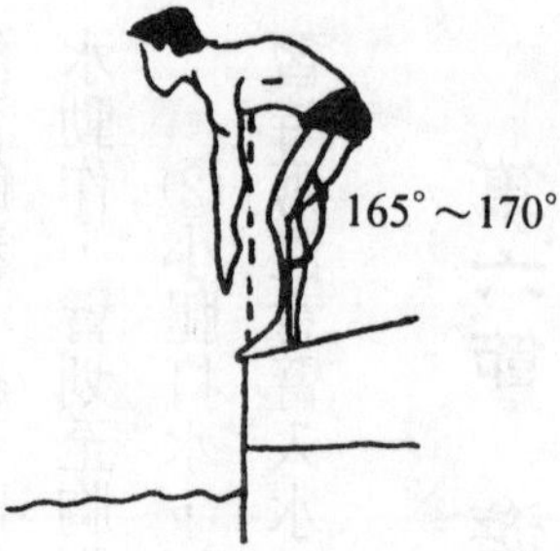

圖 47

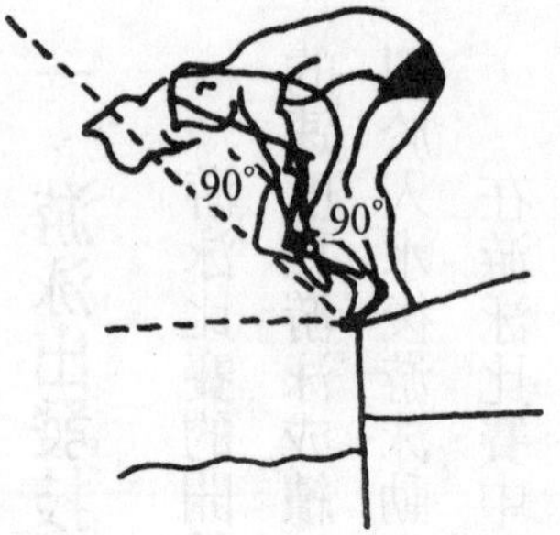

圖 48

池壁，雙腳蹬池壁後躍入水中，這種出發主要適用於仰泳。

出發台上出發技術，目前世界所採用的主要有三種，一種是擺臂式出發，一種是抓台式出發，另一種是洞式入水出發。

1.擺臂式出發基本技術　分準備、起跳、騰空、入水、滑行和開始游泳動作六個連貫部分。

(1)準備動作：當發令員發出：「各就位」的口令時，運動員應從出發台的後半部站到出發台的前緣，兩腳平行站立，距離約與髖關節同寬，腳趾扣住出發台的前沿（如圖四七），上體前傾，重心下降，兩膝微屈約成一六五度～一七〇度角，兩臂自然下垂，掌心向後，眼看斜前方，集中注意力傾聽發令員的槍聲。

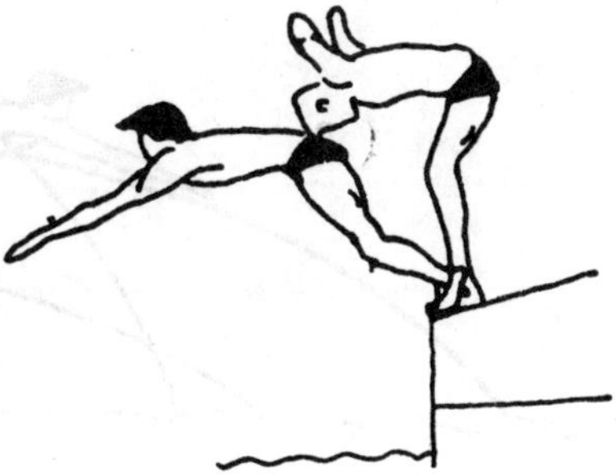

圖 49

(2)起跳：當聽到發令員槍聲時，兩臂先稍向後擺，然後立即用力向前擺，身體前倒的同時，膝關節和髖關節屈成九十度角（如圖四八）。當重心離支撐點前傾四十度～四十五度角時，開始用力起跳。

起跳時，擺臂起著很重要的作用，一般都是先稍向後擺，然後立即用力向前擺，以產生反作用力加速運動員前倒。擺臂時兩臂要伸直，當兩臂擺至與身體成一五〇度～一六〇度角時，停止擺動（如圖四九），起跳最適當的蹬出角約二十五度～三十度角（如圖五十）。

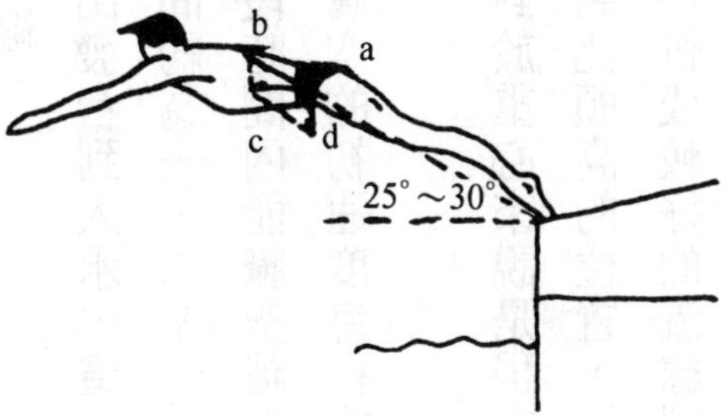

圖 50

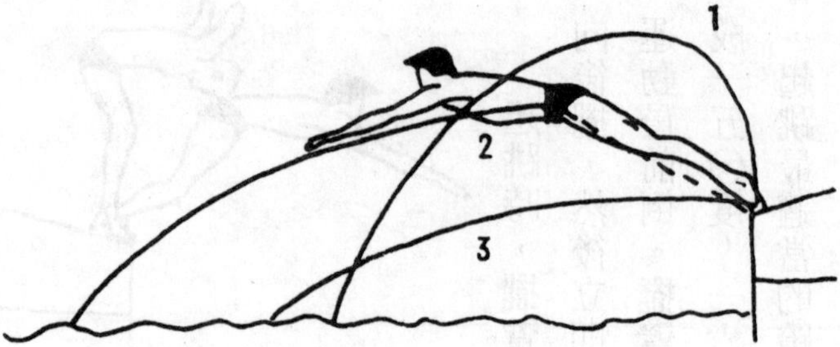

圖 51

起跳角度過大或過小，都會使拋物線過高或過低，使入水點距起跳台縮短（如圖五一）。正確的起跳角度應為圖五一中第二條線。

(3)騰空和入水：從蹬離出發台到入水，這一段就是騰空階段。一般騰空時間約為一・二～一・五秒，經過訓練的運動員在這段時間內能騰空越過三～三・五公尺，甚至更遠。騰空的初速度每秒約為二・五公尺。

在騰空時，頭和兩臂相對於重心來說是稍向下移動，而兩腿都是向上移動到比頭高的位置，使身體按臂、頭、軀幹、腿的順序併成較好的流線型入水。這個旋轉動作通常是在起跳結束後，借助低頭來完成的。

入水時由手開始，接著臂、頭，然後是軀幹和

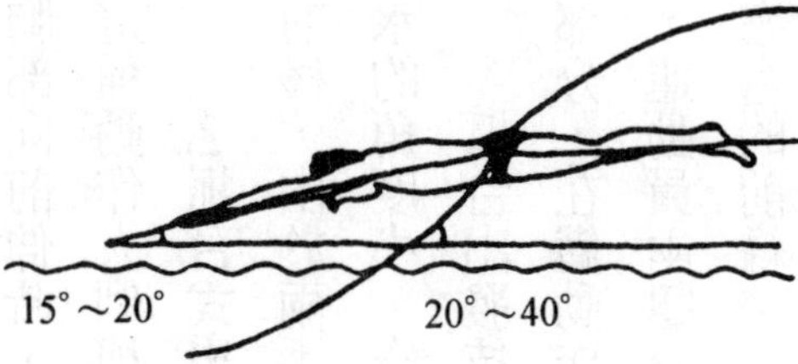

圖52

腿，身體成一直線斜插入水。入水的角度由於泳式的不同而不一樣，一般重心降落角度大約為二十度～四十度，身體縱軸和水平面之間的角度為十五度～二十度（如圖五二）。

(4) 滑行和開始游泳動作：入水後，利用起跳所獲得的慣性在水中向前滑行，滑行時應與水面保持一定的距離，使身體重心沿著一條比較平穩的曲線前進。

滑行時，要通過手腕撥水或微挺胸來改變滑行方向以接近水面，當滑行的速度降低到游泳的速度時，即開始做游泳動作。在自由泳和蝶泳中，當滑行將結束時，兩腿先開始做打水動作，然後手臂開始划水，出水面向前游進。

蛙泳出發前按游泳規則規定可做一次水下潛泳

配合動作，先由兩臂做一次類似蝶泳的划水動作，划至大腿旁後伸直貼身兩側，滑行一會，然後兩手從緊貼的身下回手，同時收腿，當兩臂經體下、貼腰、貼胸部向前伸時，稍抬頭，兩腿同時向後蹬夾水，使身體出水面而轉入途中游。這種動作人們稱之為「長划臂」。

2. 抓台式出發基本技術 這種出發技術的特點是準備姿勢時能把身體重心前移，由於兩手抓台，兩臂作支撐，身體重心較穩定，起跳快，起跳、騰空入水的角度小，空中停留時間短，整個出發的速度比擺臂式的出發快。

抓台出發技術也分準備、起跳、騰空、入水、滑行和開始游泳作六個連貫部分，在備動作上與擺臂式有明顯的區別。當發令員發出「各就位」的口令時，運動員兩腿分立出發台上，距離約十二～十八公分，腳掌平行，腳趾勾住出發台的前緣，上身前傾，兩膝約屈成一四〇度角，兩臂在體側下垂，兩手在兩腳外側或兩腳中間隨身體前傾抓住出發台的前緣，以兩臂作支撐使身體重心稍向前傾，頭放平，集中精神，準備出發（如圖五三）。

起跳、騰空、入水、滑行、開始游泳動作的動作結構與擺臂式出發相同，

圖 53

只是起跳、騰空、入水的角度較之擺臂式小，騰空的弧度也較為小些。

3. 洞式入水出發技術　洞式出發是近年來流行的一種新技術，它的最大特點是使手、頭、軀幹、腿從水面上較小的一點內入水，好像投進一個洞裡，採用這種技術可以降低入水時所形成的水面阻力，此種出發技術對蛙泳和蝶泳較為適用。它的另一個特點是起跳騰空後臀部較高，有利於為一點入水創造條件。這種出發技術可用抓台出發的準備動作。

洞式入水與平式入水的區別：平式入水角度成十五度～二十度，洞式入水角度約三十度，其角度比平式入水角度大。洞式入水身體幾乎在水平面的一點處入水，平式入水身體是在較大的平面內觸水。平式入水起跳後，身體展開伸直，一直保持到入水滑行；洞式入水起跳後，身體從展開的姿勢過渡到稍屈髖，在入水時身體再伸直，其入水深度較平式入水深。

4.仰泳出發基本技術　根據游泳規則規定，仰泳運動員必須在水中完成出發動作。這種出發技術的整個動作分為準備、起跳、騰空、入水、滑行和開始仰泳動作六個連貫進行的部分。

(1)準備部分：當聽到發令員發出「各就位」的口令時，運動員在水中面對池壁，雙手握住出發台的握手器，兩手之間的距離近肩寬，兩腳前掌貼著池壁，兩腳之間的距離約五公分。按游泳規則規定，腳趾不能露出水面，兩肘關節彎曲，將身體拉起懸在空中，頭部接近出發台，集中精神準備出發。

(2)起跳：聽到發令槍聲後，雙手推離握手器，使身體與大腿、大腿與小腿都成九十度角，深吸一口氣，腿用力蹬池壁向後仰跳，兩臂從體側向後上方擺出（如圖五四）。

(3)騰空：蹬出時，兩臂夾在耳旁並挺胸、挺腹，兩腿併攏伸直，頭放平，身體與水面約成十五度～二十五度角，仰臥向前躍出（如圖五五）。

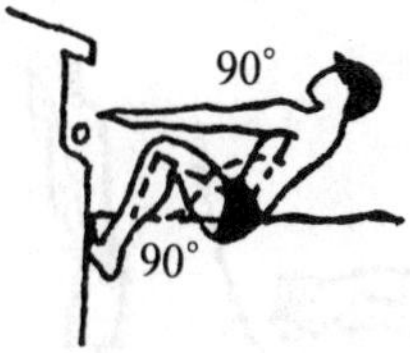

圖 54

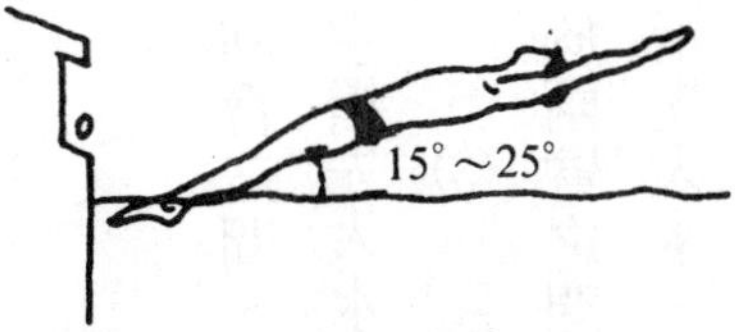

圖 55

⑷入水：騰空後由手到臂然後是腿、頭和軀幹順序入水，入水時身體姿勢較平。

⑸滑行與開始游泳動作：入水後，頭和身體在水中放平，在水下約五十公分左右深處向前滑行一段，滑行時用鼻子慢慢呼氣。

當滑行的速度降至游進速度時，腿開始作踢水動作，收下頦，同時一臂開始作仰泳划水，利用划水動作產生的前進速度、破水而出。

二、出發技術練習

出發是競技游泳的重要環節之一，在掌握一至兩種泳式並能游一定距離後，方能學習出發技術。

1.擺臂式出發技術　擺臂式出發是最基礎的出發姿勢。學出發動作時，一般學習擺臂式出發技術較好。

圖 56

⑴練習方法：

①首先進行陸上模仿練習。方法是兩腳開立與肩同寬，聽到「各就位」的口令時，模仿出發預備姿勢，聽到「跳」的口令時，向上跳起，微收腹（如圖五六）。

②坐在池邊，兩腳放在池槽上，兩臂上舉，頭夾於兩臂之間，然後慢慢前倒，最後向前下方蹬出，要求手指先入水（如圖五七）。

③一腿跪立，一腿下蹲，以腳趾勾住池邊，頭夾於兩臂之間，上體前倒，向前下方蹬出入水，要求手指先入水（如圖五八—一）。

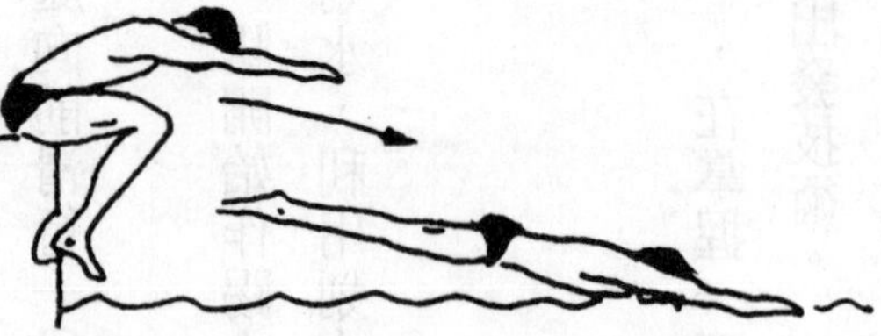

圖 57

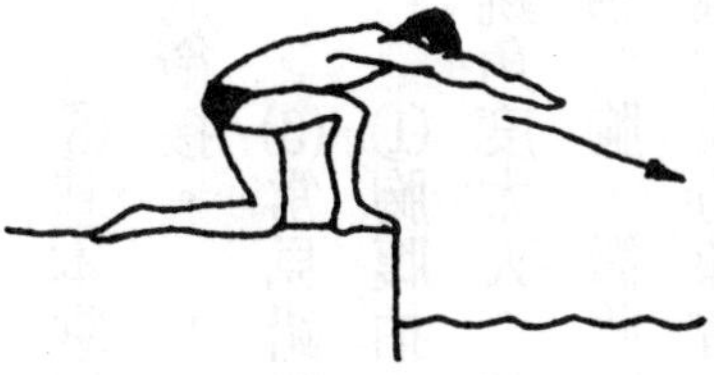

圖 58-1

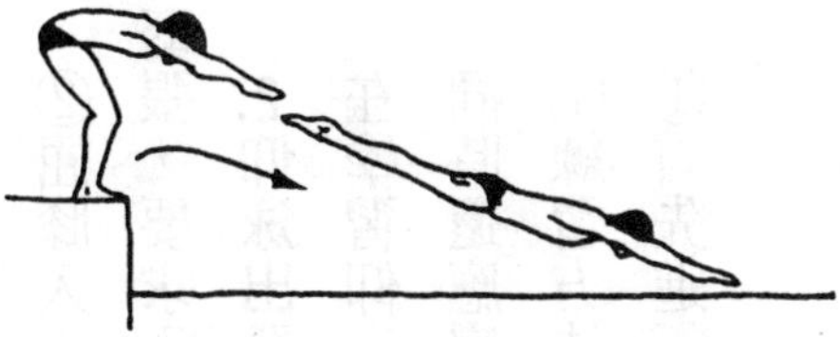

圖 58-2

④站立池邊，兩臂上舉，頭夾於兩臂之間，上體前傾，兩膝半屈，前倒腳蹬池邊入水（如圖五八—二）。

⑤站立池邊，按完整出發技術要求練習。

⑥站在出發台上，按完整出發技術要求練習。

⑦同上練習，要求水中滑行時，身體成流線型，速度開始降低至接近游泳速度時，分別銜接爬泳、蛙泳、蝶泳動作。

(2)重點提示：

①擺臂式出發練習應注意安全，練習時要在深水區進行，初學者一定要學會在深水區踩水，以防止出現事故。

②初學者因害怕心理，不敢做出發或出發時不敢低頭。所以，要克服怕水心理，採用誘導練習，從易到難，從低到高地進行。

③基本掌握動作後，再提高起跳力量，掌握空中姿勢和入水角度以及起游的銜接。

⑶常見錯誤動作及糾正方法：

①胸腹拍水。原因之一是騰空階段抬頭挺腹，起跳時蹬腿無力；其二是起跳角度太大；其三是害怕心理，不敢向前低頭跳出。糾正方法是起跳後要求低頭含胸，微收腹，腰背肌肉保持緊張。強調手指先入水。同時還要加強陸上起跳的模仿練習。

②屈膝入水。原因是小腿放鬆。糾正方法是強調起跳後兩腿併攏伸直，保持緊張，要求入水前看腳尖。

2.仰泳出發技術

在學習仰泳出發技術之前，要求初學者掌握仰泳基本技術，並能游一定距離，同時還應掌握在水中或水面仰臥滑行。

⑴練習方法：

①首先進行陸上模仿練習，方法是原地下蹲，挺胸，抬頭，兩臂向側上擺，

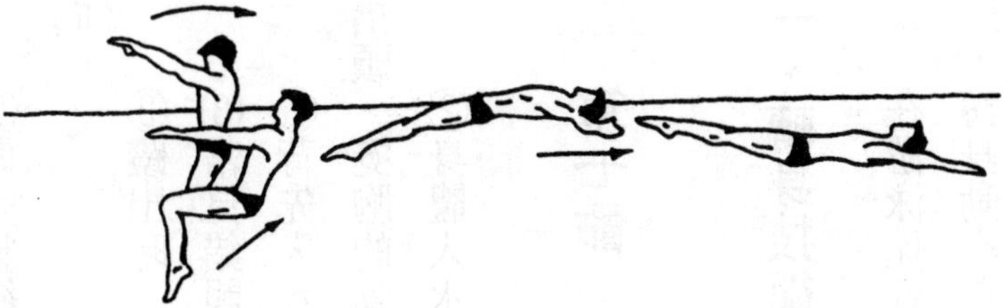

圖 59

同時腿蹬直起立。

②水中練習。面向池壁，兩手扶池槽，兩腳蹬離池壁，先兩臂放體側仰臥滑行，再過渡到兩臂向前伸直夾頭，成流線型滑行。

③同上練習，但要求在水下蹬出，由水下向水面滑行，臉在水中時要睜眼睛，用鼻慢呼氣。

④蹬池底後跳起，模仿仰泳出發動作（如圖五九）。

⑤兩手抓住仰泳出發握手器，按仰泳出發技術要求進行練習。

(2)重點提示：

①初學者在水中仰臥時鼻很容易嗆水，或呼氣過急而影響動作掌握，應通過反覆練習，體會水中用鼻均勻呼氣。

②做完整練習時，開始學習預備姿勢不要拉得過高，以免向上蹬出，而不向前。

③蹬出時，強調仰頭、挺胸，兩臂向兩側擺動。

(3)常見錯誤及糾正方法：

①背先入水。原因是出發時未抬頭挺胸。糾正方法是要求展體擺臂時，做抬頭、挺胸的動作。

②身體入水過深。原因是頭過於後仰。練習時應注意入水後稍收下頦。

第七節　游泳轉身技術及練習方法

一、轉身技術

在游泳比賽中，一般都要做轉身動作，比賽距離越長，轉身次數越多。所以，轉身動作質量的好壞，對比賽成績有直接影響。在一般情況下，一個正確和完善的轉身動作，能快〇・五秒以上。

游泳轉身方法很多，根據游泳規則規定，不同的姿勢有不同的轉身方法。下面按照到邊、轉身、蹬壁、滑行和開始游泳動作順序進行介紹。

1.自由泳轉身基本技術

游泳規則規定：自由泳轉身，可用身體任何部分觸及池壁。目前常用的自由泳轉身動作，主要是擺動式和前滾翻轉身兩種。

(1)擺動式轉身：擺動式轉身是爬泳轉身中比較簡單易學的一種。這種轉身的速度雖不如滾翻快，但比較省力，能保證呼吸節奏，因而初學者和訓練水平較低的運動員常採用這種技術。

①到邊：到邊時，速度不應降低。以右手觸壁為例，左臂推水至大腿旁，右臂前伸使手掌在高於身體重心的水面上觸壁（如圖六〇—一、二）。

②轉身：隨著游進的慣性，右臂肘關節微屈，身體繼續靠近池壁並圍繞縱軸繼續向左轉動成側臥姿勢，同時向前收腿和屈膝，使頭和肩出水面，兩腿向池壁靠近（如圖六〇—三、四）。然後借助右臂推池壁的反作用力，向回轉方

向甩頭擺臂，兩腿繼續靠近池壁（如圖六○—五）。當口露出水面吸氣時，轉動中左臂在水中做由下而上的撥水動作，幫助身體旋轉（如圖六○—六）。右臂從空中回擺切入水中，臂稍彎曲，當完成一八○度角的轉動時，右腳在上左腳在下，身體成側臥的蹬壁姿勢（如圖六○—七）。

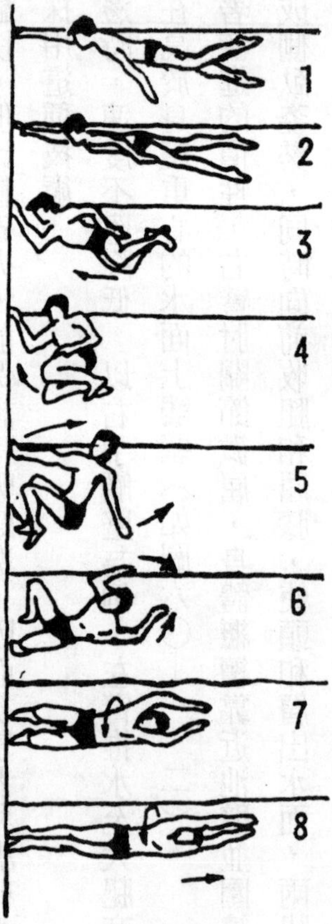

圖 60

③蹬壁：轉身後兩臂伸直，頭夾在兩臂之間，兩腿用力蹬壁，上體成側臥姿勢蹬離池壁，在蹬離池壁後身體逐漸轉向下方（如圖六○—八）。

④滑行和開始游泳動作：蹬壁結束後，身體伸直，形成良好的流線型，並使身體轉成俯臥，滑行速度下降至接近游泳速度時，立即開始打腿，接著划臂，

身體浮出水面向前游進。

⑵前滾翻轉身（如圖六一）：自由泳前滾翻轉身是手不觸池壁，只是轉身後用腳蹬壁，這是符合游泳規則規定的。這種技術較複雜，但速度快。

①滾翻：游進將到池邊，左臂向後推水至大腿旁，右臂空中向前移臂時，深吸一口氣，然後右臂在頭的前下方向插入水，這時頭從左下方繞身體橫軸急速回轉，同時收腹提臀使臀和腿部露出水面，接著屈膝收腿，利用游進的慣性

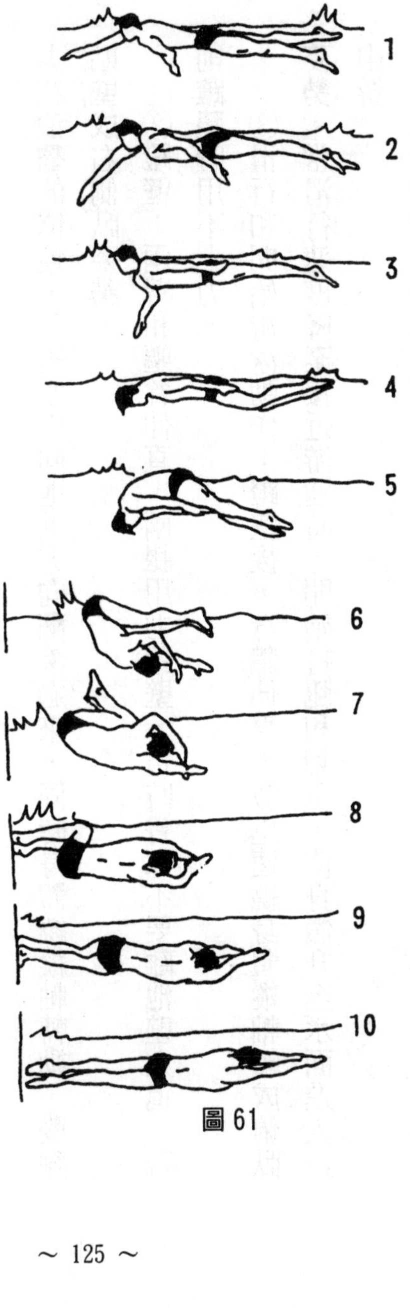

圖 61

力和滾翻的慣性，腿經空中向池壁方向翻滾過來，同時身體繞縱軸轉動，雙腳貼壁成右側臥姿勢。

②蹬壁：兩臂和軀幹伸直，兩腿用力蹬壁，這時臀部不要離池壁太遠，否則蹬腿時用不上力。

③滑行和開始游泳動作：蹬壁後，身體伸直，並迅速繞身體縱軸轉成俯臥姿勢。當滑行速度降至接近游速時，開始打腿和划臂，使身體升至水面進入途中游。

2.蛙泳轉身基本技術

(1)到邊：游近池邊，雙手按規則規定必須同時觸壁。兩手的高度可不在同一水面，兩肩須與水面平行，利用游進慣性力，屈肘使身體靠近池壁，同時雙腿彎曲前收（如圖六二—一～三）。

(2)轉身：以由左方回轉為例。雙手稍推池壁，抬頭深吸一口氣，上體繞身體縱軸轉成左側臥姿勢，往游來的方向回轉，同時雙腿轉向池壁，腳掌貼住池壁（如圖六二—之三～七）。

(3)蹬壁：轉過來時，右臂經空中擺臂和頭一起入水，左臂在水下向前伸與右臂靠近，上體迅速轉為俯臥姿勢，頭放平，兩臂向前伸直，夾於耳旁，兩腿用力蹬壁（如圖六二—之七～九）。

(4)滑行和開始游泳動作：蹬壁後，身體成水平地滑行，並保持一定的緊張度。當滑行速度下降至游泳速度時，兩臂做一次長划臂動作，接著轉入途中游。

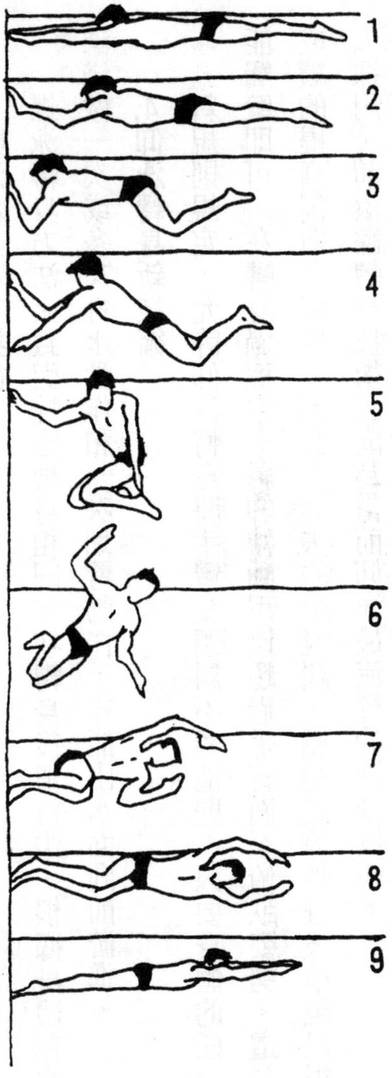

圖 62

3. 蝶泳轉身基本技術

蝶泳轉身方法大致與蛙泳轉身相同。在轉身後滑行中，根據身體在水中的深淺做一次或多次打水動作和一次划臂動作，才能出水面向前游進。

4. 仰泳轉身新技術

新規則規定，允許仰泳轉身時手臂及頭肩不觸池壁，只要身體的任一部分能觸壁即可。在轉身過程中，肩的轉動可以超過垂直面至俯臥姿勢。這為仰泳成績的提高創造了條件。因此，過去的半滾翻、擺動式等轉身技術現已很少有人採用，前滾翻轉身技術已成為當前仰泳最流行的轉身技術。

仰泳的前滾翻技術與爬泳前滾翻技術大致相同，所不同的是仰泳滾翻是先由仰臥轉而俯臥，在轉動過程中做前滾翻動作。前滾翻時只繞橫軸滾動，不再沿縱軸轉動，身體成仰臥蹬出（如圖六三）。

在做仰泳前滾翻時應著重注意以下幾點：

(1)注意掌握好轉身時離池壁的距離，只要身體超過九十度角垂直面，就必須低頭團身，若距離不當而引起俯臥滑行或划臂打腿等動作，就會造成犯規。

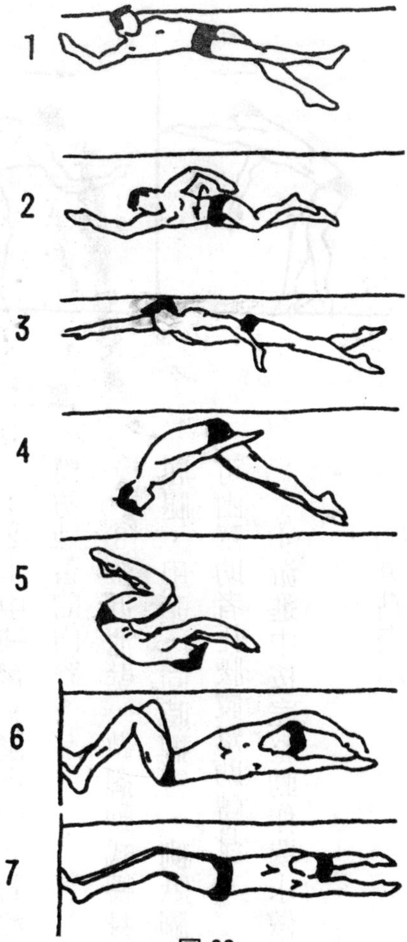

圖 63

(2)在沿橫軸翻滾超過九十度以後，應繼續滾動過程中將腹部打開，使身體準確地成仰臥姿勢，足部觸壁。

(3)轉成仰臥姿勢時，頭部和上體即恢復平直狀態，迅速蹬出。

二、轉身技術練習

游泳的各種轉身技術練習，應在掌握該種游泳姿勢並能游一定距離的基礎上進行。

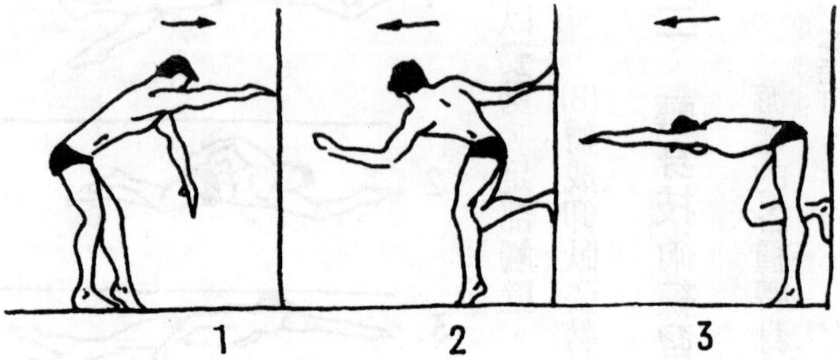

圖 64

1. 學習自由泳擺動式轉身技術

(1) 練習方法：

①陸上模仿練習。方法是面對牆站立，模仿一臂划水，另一臂前伸，手觸牆壁，收單腿貼牆，身體側擺，然後兩臂前伸夾頭，腳輕輕蹬出（如圖六四）。然後在走動中模仿游近池壁做同上的練習。

②水中練習。淺水中面對池壁站立，做陸上模仿練習的內容。

③游近池壁，做擺動式轉身慢動作。觸壁、屈腿、甩頭，同時擺臂、側臥腳貼壁、蹬出。也可由幫助者托腰髖幫助轉身。

④游進中按完整動作要求做擺動式轉身練習。

(2) 重點提示：

①轉身時強調單手觸壁，同時身體向異側轉動成側臥，再收腿推手繞前後軸轉。

②手觸池壁點應在水面附近，不要太低，要利用身體前進慣性力和力偶轉身。開始練習時，可利用手握水槽練習，體會動作。

(3)易犯錯誤及糾正方法：

①空中擺臂同時蹬腿。其原因是蹬離池壁過早。糾正時應注意擺動臂入水後低頭，使身體成側臥姿勢再蹬出。

②腿蹬壁無力。原因是腳沒貼近池壁或身體離池壁太遠。糾正時要求上體成側臥姿勢，大小腿收緊，使臀部靠近池壁，然後蹬出。

2.學習自由泳前滾翻轉身技術

(1)練習方法：

①陸上模仿練習。在墊上做手插入水、低頭、提臀以及收腹團身的直腿前滾翻的模仿練習。

②水中練習。身體繞水線做前滾翻練習（如圖六五），要求低頭提臀時，

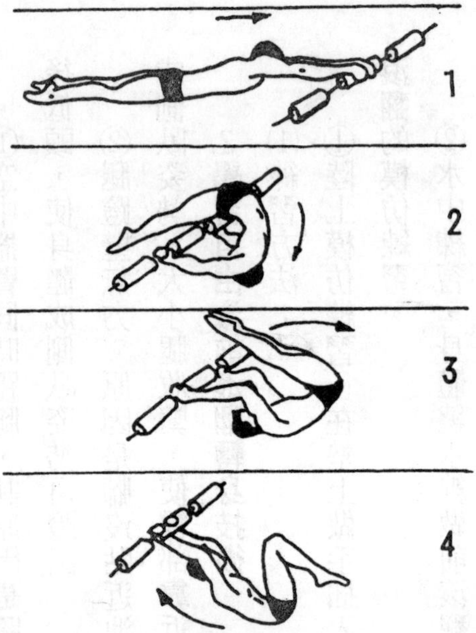

圖 65

腿併攏伸直，靠近大腿。

③蹬邊滑行。兩臂同時划水至體側，做低頭、提臀、收腹、向前滾翻一百八十度的練習（如圖六六）。要求同上。

④游進中做上述練習。

⑤同上練習，但要求在前滾翻的同時，身體繞縱軸轉九十度。

⑥游近池壁做上述練習。要求游近池壁要加速，轉身前的距離要恰當，轉身後不要急於蹬出。先體會轉身後身體所處的位置和兩腳貼壁的動作再蹬出。

⑦快速游近池壁，做完整的前滾翻動作。要求做到以下幾點：

轉身前提臀同時低頭（如圖六七—一）；

腳出水前，腿伸直向上撩（如圖六七—二）；

圖66

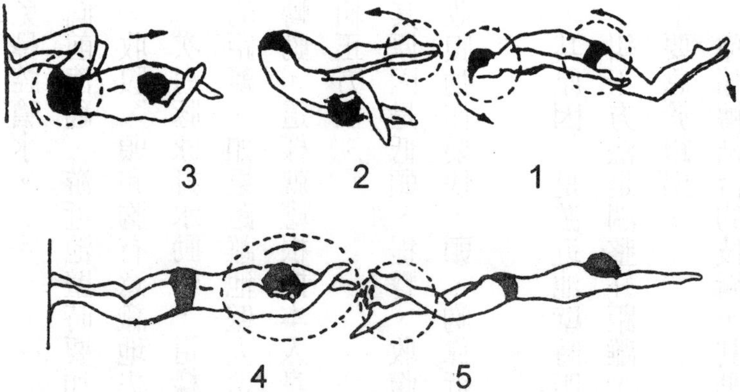

圖67

蹬出之前屈膝並側轉九十度（如圖六七—三）；

蹬出時身體繞縱軸轉成俯臥（如圖六七—四）；

蹬出後，身體成流線型滑行，然後開始打水（如圖六七—五）。

⑧反覆練習前滾翻轉身，掌握好轉身距離，不斷提高質量。

(2)重點提示：

①做前滾翻轉身低頭

時，鼻要呼氣，避免鼻腔嗆水。

②為幫助身體向前滾翻，游近池壁時要加速，借助慣性加快旋轉；同時還應注意低頭、提臀、收腹，頭和胸有意識地去靠近大腿，以加速旋轉。轉身前兩腿併攏，最好做一次海豚泳打水動作，這樣有利於提臀向前滾動。

③找好轉身前的距離。如果距離池壁太遠，轉身後蹬不到池壁，容易引起犯規；太近將影響轉動。這樣就應根據本人身高、游速等來確定距離。

(3)易犯錯誤及糾正方法：

①滾不過來。其原因是低頭、提臀、收腹不夠，轉身後展體太早。糾正方法是低頭、提臀、收腹動作要快，頭、胸靠近大腿，或由同伴幫助練習滾翻動作。

②腿蹬壁無力。其原因一是游近池壁時距離未掌握好；二是滾翻時方向不正，腳未貼好池壁。糾正方法是調整好距離，體會轉身後身體所處的位置以及兩腳貼壁的動作，不要急於蹬出。

前滾翻轉身是一種翻轉結合的技術，其動作結構較為複雜，初學者需在反覆練習中逐漸摸索，掌握其動作要領。

3.學習蛙泳轉身技術

(1)練習方法：

①陸上模仿練習。練習方法是面對牆站立，兩手扶牆，做蛙泳轉身模仿練習。

②同上練習，加模仿游近或走動到邊練習。

③水中練習。在淺水中做陸上練習內容。

④同上練習，轉身後兩腳貼近池壁蹬出。

⑤游近池壁做完整蛙泳轉身動作練習。通過反覆練習，掌握好轉身距離。

(2)重點提示：

①為保證有較大的轉身速度，要求不減速地游近池壁，當最後一次蹬腿後，兩手應緊接著觸壁。

②強調在轉身中，當身體側對池壁，向前屈膝收腿時，要求利用頭、肩、甩臂，同時口露出水面吸氣，來完成回轉動作。

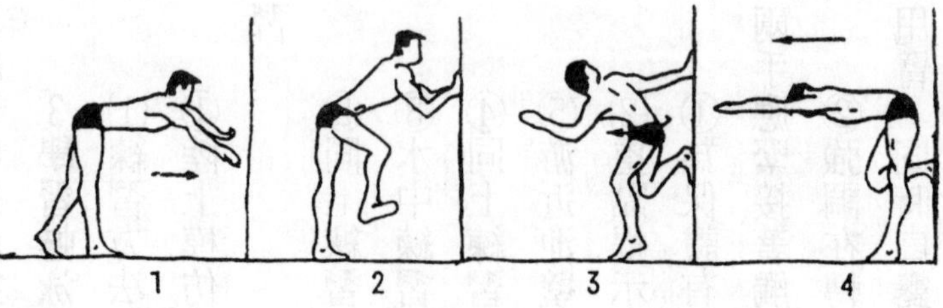

圖 68

③如游泳池有水槽，可利用水槽幫助轉身，做一抓（抓住水槽）、二拉（將身體拉近池壁）、三轉（身體回轉）、四沉（把身體沉下做好蹬邊的準備姿勢）、五蹬（用力蹬壁向前滑行）的練習。

④學習轉身動作時應結合比賽規則的要求，避免犯規。

(3)常見錯誤及糾正方法

①轉身動作不連貫。原因是沒有甩頭、轉體，而先把手推直。糾正方法是應注意收腿後先甩頭轉體，同時推壁。

②轉身動作速度慢。原因是沒有利用游進的慣性，團身不夠。糾正方法是游近池壁不降低游速。收腿後手要及時推壁，甩頭，轉體。

③腿蹬壁方向不正，有蹬滑現象。一個原因是沒有

完成轉體動作就蹬壁；另一個原因是轉身後上體沒有成俯臥，臀部沒有靠近池壁。糾正方法是轉身後先伸臂，上體成俯臥姿勢，做好收腿動作，使臀部靠近池壁，然後再蹬出。

4. 仰泳轉身新技術練習

學習仰泳轉身新技術，應在掌握自由泳前滾翻技術前提下進行。

(1)游近池壁：在不回頭觀望的條件下，準確判斷距池壁的距離，一般可利用距池壁五公尺處的仰泳轉身標誌線確定轉身時間，並根據仰泳轉身標誌線確定開始向俯臥姿勢轉動前的划水次數。一般通過仰泳轉身標誌線後再做二、三次划水動作，即應開始向俯臥姿勢轉動。

(2)轉為俯臥姿勢：開始轉身時，運動員呈仰臥姿勢，划水臂向後划水時，開始朝划水臂的方向轉動。同時，另一臂類似爬泳高肘移臂式地做水上移臂動作。當划水臂划至胸下時，另一臂入水，完全轉為俯臥姿勢。

(3)正式轉身動作：身體一旦轉為俯臥姿勢，即開始做爬泳滾翻式轉身動作。當然在轉身蹬邊之後，身體要保持仰臥姿勢。在向俯臥姿勢轉動，一臂做第一次下划時，應注意距池壁距離，以便判斷雙腳觸壁最佳時機。然後另一臂再做一次有力下划動作。當這次划水動作也划至胸下時，低頭，頭向胸部靠攏，同時做一次海豚泳打腿動作，以協助臂部提向水面。兩腳觸臂前，兩手頭上併攏，頭部在兩臂間呈仰臥姿勢，上體和雙臂盡快呈直線，以便雙腳觸壁後，及時開始蹬壁動作。

(4)蹬壁：呈仰臥姿勢蹬離池壁時，雙臂、雙腿同時伸直，並做海豚泳打腿動作。如腿部技術較差，可不做水下海豚泳打腿動作。兩腿做二至四次上、下交替打水動作後，開始划臂，同時，身體游出水面開始游泳動作。

第八節 常用水上練習方法

游泳的水上練習方法多種多樣，但沒有任何一種方法能單獨解決訓練的全部問題，因而需要把各種練習方法科學地組合起來，使學習者通過練習，能得到專項所需要的素質機能，並不斷提高有氧代謝和無氧代謝的能力，提高肌肉力量和完善各種技術。

練習的內容和方法應根據每個人的具體情況科學安排。一般練習內容包括：

各種姿勢逐漸增加距離的游泳；

各種姿勢的混合式游泳；

各種姿勢的手臂和腿的分解練習；

帶划水掌游泳和負重游泳等。

在以上基礎上，可根據自己的經驗，創造一些方法，促進身體素質的全面提高。下面介紹的是幾種游泳練習的基本方法。

一、持續練習法

是指不間斷地連續進行訓練的方法。它往往採用長距離或超長距離，低於比賽速度，用勻速和變速來進行練習。例如，進行二百公尺項目訓練的運動員，在訓練中可連續游八百公尺或一千五百公尺，或者進行一組二乘四百公尺的反覆游練習。採用這種方法時，一般應採取增加—適應—再增加—再適應的方法。

持續練習法在全年各個階段中都能適用，只是所占比例不同，一般在年度訓練的早期占的比例較大。

作為發展有氧代謝能力而採用持續訓練法時，應注意控制強度，採用中等強度，延長練習時間。由於游的距離較長，而動作頻率較慢，因此，造成中樞神經系統長時間接受同一強度的刺激，為了消除這種不良影響，此練習方法可與短衝練習法結合作用。

此外，在長游中應注意抓好技術，避免不正確的技術定型。

二、重複練習法

重複練習法是指按規定的時間，多次重複某一距離的方法。間歇時間的控制應使呼吸和心率基本恢復。它要求完成的強度高，但重複的次數少，多採強項距離，或短於強項距離。重複練習以發展速度和肌肉力量練習為主，發展耐力則次之。例如，以一百公尺為主項距離的運動員，重複練習的距離採用十乘一百公尺，就是重複主項距離，採用二乘四百公尺，是重複超主項距離，採用二十乘五十公尺，就是重複短於主項距離。

重複練習時，間歇時間要足夠長。間歇時間要足以使運動員能消除前次訓練所引起的強烈的不適感覺；如呼吸困難等。間歇時間至少要等於游該距離所用時間的三倍，這是指重複距離較短時，如五十～二百公尺。至於重複距離較長時，如三百公尺以長，間歇時間則不必那麼長。心率減少到一〇〇～一一〇次／分以下時，則開始下一次練習。

在這種練習方法中，運動員不是進行短衝或全力游，而是在速度較快但有所控制的情況下進行練習。這種方法可作為掌握比賽速度或節律的練習來用。運動員可以通過這種練習，學會在比賽中分配體力和掌握速度。

採用重複練習，應注意以下幾個問題：

(1)在重複練習之前，應有比較充分的休息。

(2)在重複練習時，要注意保持正確的技術。

(3)重複練習一般是以主項為主，但也可根據需要採用主、副項交替和手臂、腿的分解練習。

(4)在練習中，教練員應對運動員提出具體要求。

(5)因重複練習強度要求比較高，所以經過一段重複訓練後，應該安排適當的調整。一週內練習次數不宜過多，並可根據不同訓練時期略有增減。

三、間歇練習法

間歇練習是指在一組某一距離的反覆游時，在兩次練習之間有一個控制時間的間歇階段。間歇時間要足以使運動員的心率恢復，但不應完全恢復到正常狀態。這種訓練方法，能夠提高運動員的力量耐力和速度耐力素質。在間歇訓練中，提高心血管系統功能的最好刺激是發生在間歇階段，這時心臟每搏輸出量達到最大值。

反覆游的距離不宜超過運動員比賽的主項距離。如二百公尺項目的運動員所使用的反覆游距離是五十公尺、一百公尺、一百五十公尺和二百公尺，這些練習之間都應有嚴格的間歇時間，並盡量使每次練習的速度保持穩定。

1.間歇訓練的具體方法

(1)慢速間歇訓練：採用慢於全力游速度來完成一組某一距離的反覆游時，間歇時間短於練習所需要的時間，心率尚未恢復就開始下一次練習。如：某一二百公尺自由泳運動員，比賽成績二分六秒六，用二十乘五十公尺爬泳練習，間歇十秒，平均成績三十四秒六，比全力游成績慢，每次練習後平均心率為一七八次，經十秒間歇後，平均心率下降到一四八次。

慢速間歇訓練是以有氧供能為主的練習，主要用於提高心血管系統的機能，發展一般耐力和肌肉耐力。全年各階段都可以使用，尤以準備期和基本期內使用較多。

(2)快速間歇反覆游訓練：採用速度較快、間歇時間較長的方法來完成一組某一距離的反覆游，間歇時間更多，如：某一二百公尺自由泳運動員，比賽成績是二分六秒六，進行二十乘五十公尺爬泳練習，平均速度三十一秒二，間歇四十秒，每次反覆游後平均心率一八一次，間歇後平均心率一二六次。這樣，就能把五十公尺的平均速度提高，超過其二百公尺爬泳最高成績的平均速度，從而提高了速度及速度耐力。

(3)改變間歇時間反覆游練習：在距離不變、強度不高的情況下，逐漸縮短和延長間歇時間。例如：八乘二百公尺爬泳，平均成績二分三十秒，間歇一分三十秒，以後每游一次間歇時間縮短或延長五秒。

(4)包幹反覆游組：在規定的時間內完成一定的距離和間歇，間歇時間隨完成強度變化而變化。

這種方法的間歇時間是不固定的，但是每一規定時間內的負荷量卻是相對穩定的。完成強度高可以多休息，完成強度低則少休息。例如：二十乘五十公尺，一分包幹，第一個五十公尺時間如果是三十九秒完成，則間歇二十一秒；第二個五十公尺完成時間如果是四十秒，則間歇時間是二十秒。

(5)變換距離反覆游練習：間歇訓練的距離不固定，在一組反覆游中，可以由短到長，或由長到短。一般可以分為以下三種：

上梯形：反覆游的距離由短到長遞次上升。例如：五十～一百～二百～四百公尺。

下梯形：反覆游的距離由長到短遞次減少。例如：四百～二百～一百～五十公尺。

梯形：反覆游的距離由短到長，又由長到短。例如：五十～一百～二百～四百～二百～一百～五十公尺。

(6)變換距離和間歇的反覆游訓練：距離不固定，間歇時間也不固定，距離和間歇時間同時變化，距離和間歇時間的變換為運動員適應不同的強度提供了條件。例如：八百公尺間歇三分；四百公尺間歇二分；二百公尺間歇一分三十秒；一百公尺間歇一分。

(7)快慢交替游練習：距離固定，間歇時間固定，完成強度快慢交替。強度低時可計時也可以不計時，主要目的是恢復。例如：十乘五十公尺，以一快一慢或二快一慢來練習。

(8)負分段游練習：距離固定，間歇時間固定，逐步提高完成強度。例如：十乘五十公尺，強度要求是最好成績的百分之七十五～百分之百。

採用負分段游練習必須要有很好的耐力基礎。它既能訓練運動員的有氧代謝能力，又能訓練其無氧代謝能力，還能在生理上和心理上給運動員以良好的影響，因此在游泳練習中運用非常廣泛。

2.間歇練習應注意的問題

(1)在進行間歇訓練時，由於嚴格控制兩次練習之間的休息時間，往往要在體力和呼吸尚未恢復正常的情況下繼續進行訓練，因此對運動員機體的刺激較強，身體的反應也較大。但是，這種練習方法也是比較容易適應的。

(2)間歇訓練對提高心臟功能具有見效快的特點，但它的提高是不穩定的。間歇練習保持練習效果不容易，俗稱間歇訓練「來得易，去得快」。

(3)間歇訓練後糖元耗盡程度比持續性練習大得多，大負荷後約四十八小時才能恢復，而持續性練習二十四小時即可恢復正常。

因此，發展有氧耐力，必須把間歇練習法與持續練習法結合起來使用。

(4)使用間歇練習法加大負荷量時，密度應由小到大，數量由少到多，速度由慢到快。應先增加數量，然後再加大密度，最後再提高強度，循序漸進地進行。

四、短衝練習法

短衝練習法是指運動員以全力用最高速度進行練習的方法。例如：二～四乘五十公尺全力游，間歇時間可稍長；也可以游單程練習，返回時放鬆游，此外還有十乘十二．五公尺，十乘十五公尺，八乘二十五公尺。這種短衝的每段距離不應超過一百公尺，經常採用二十五或五十公尺的距離。

每次短衝後間歇時間較長，心率和呼吸次數的恢復，應比重複練習時接近於安靜時的基礎水平。

短衝訓練會引起肌纖維增粗，力量增加。因此在訓練中應包括一些短衝練習，但是要根據運動員的技術水平和訓練水平，決定短衝練習在訓練課中的地位及重複次數。

第九節　游泳訓練計劃的制定

從運動員的培養來說，一名游泳運動員從基礎訓練到創造優異成績，一般都需要五～八年，甚至更長的時間。要想成為高水平運動員，必須進行科學的系統訓練。而從游泳運動的普及來說，進行科學訓練，可以幫助青少年提高游泳水平，並進一步增強學習游泳的樂趣。因此，就需要制定多年的、全年的、周期的、階段的和每次課的訓練計劃，以此作為訓練工作的依據，減少盲目性。

計劃來源於對一定對象的調查研究和分析，並在此基礎上提出不同的訓練目的、任務、指標和要求，同時制定出落實計劃的措施、手段和方法。制定訓練計劃之前，應按年齡、性別、訓練水平、主項姿勢或專項距離分好組，有條件的地方可按專項距離分組，如短距離組、中長距離組等。

一、多年訓練計劃

多年訓練計劃一般分為少年兒童多年訓練計劃，和優秀運動員為準備大比賽而制定的多年訓練計劃。例如，為了參加全運會、亞運會等大賽，應作四～六年系統的訓練安排。多年計劃的主要內容如下：

運動員的原有情況和訓練條件的分析：

多年訓練的年限、目標和任務；

多年訓練的階段劃分和各階段的訓練指標，一般可分為全年訓練階段、專項訓練階段和創造優異成績的階段等，每個階段應有一定的訓練指標和要求。

多年計劃的制定，也可用圖表的方法，把各階段的劃分和各階段中身體、技術、專項訓練、運動量安排、比賽安排和成績指標等，都描繪在圖表之中。

二、全年訓練計劃

根據多年訓練計劃對各年度提出的基本要求及前一年度訓練的實際情況，制定出更為詳細的全年訓練計劃，作為全年訓練工作的依據，全年訓練計劃的主要內容有：

(1)多年訓練計劃對本年度訓練工作的基本要求；前一年度訓練情況的基本分析。

(2)全年訓練的目的、任務和指標。包括思想教育和意志品質的培養，理論知識的提高，身體訓練的指標，專項成績的要求和參加某些主要比賽的預計等。

(3)全年訓練中的周期和階段劃分，明確規定各訓練周期和階段的任務和要求。

(4)落實全年訓練計劃的主要措施。包括主要的訓練方法，預計的科學實驗，嚴密的醫務監督，嚴格訓練的要求和必要的制度等。

關於全年訓練周期的劃分，各國各地有所不同，但無論哪種訓練周期計劃都要分為準備時期、基本時期、賽前時期、競賽時期和休整時期。每個時期內又可根據訓練任務劃分幾個訓練階段。例如，準備時期包括陸上訓練、技術訓練、一般訓練和專項訓練等內容，可根據計劃要求，使每個階段的任務都有所側重。

一般地說，在全年訓練中，準備時期是側重於打基礎的時期。在這個時期中，陸上訓練、一般訓練、技術訓練、超主項距離的訓練，發展一般力量和耐力的練項多些，從身體機能來說，就是提高有氧代謝的能力。這樣看來，準備時期的訓練側重於數量的積累，側重於提高機體對大運動量訓練的承受能力。

準備時期在全年訓練中約占五～六個月。基本期是在準備時期的基礎上，大量地增加專項訓練特別是主項訓練的比重，重強度和密度，提高機體無氧代謝能力，為激烈的比賽創造良好的競技狀態。

基本時期在全年訓練中約占四～五個月。賽前期訓練是為了參加比賽，或作為檢查全周期訓練效果專門安排的訓練階段。運動員能否在比賽中表現最佳訓練水平，與賽前訓練計劃和安排的科學性有密切的關係，它直接影響競技狀態高潮的形成和維持。賽前時期在全年訓練中約占一～一．五個月。休整時期是總結、調整、休息和恢復的時期，在全年訓練中約占一個月。

三、階段訓練計劃

階段訓練計劃是各個訓練時期中各個不同階段任務、內容、手段和方法的具體化，也是訓練工作的進度計劃。例如，準備時期以陸上訓練為主的情況下，假設準備時期是六週的時間，就應該確定六週中的水陸訓練的比重，還應確定水陸訓練內容、手段、方法以及運動量的安排等。

四、週訓練計劃

週訓練計劃是根據階段訓練計劃制定的。通過週計劃，使階段計劃內容更加詳細和具體，尤其是要有節奏地安排每週訓練中各次課之間的運動量、訓練內容、強度和密度等。

在週計劃中，強度大小的節奏有各種各樣的方案。比如第一種方案是，運動量從星期一至星期六訓練強度逐漸加大，這種方案中，只有在星期日運動員才能休整，其強度較大，是訓練水平較高的運動員在賽前訓練時常採用的方法。這種方案在日常訓練中不能經常採用。

第二和第三種方案，是每週的運動量形成兩個波浪形，第二種方案中每星期二、五採用較大強度的訓練，第三種方案則在星期二、三與五、六強度較大。採用以上這兩種方案時，運動員在一週訓練中可以通過中間下降運動量來消除身體的疲勞，使訓練有節奏地進行，是一種較好的方案。第四種方案是一天大強度訓練，另一天略減少運動量練習。在訓練中採用這一方案的優點是練一天調整一天，運動員不易疲勞，缺點是不能適應比賽。

運用週計劃時，一般採用一個計劃重複三週或四週的方法，但每週要求強度穩定或略有增加。有採用第一週小運動量，第二週中運動量，第三週大運動量的安排方法；也有採用一週一個計劃內容的安排方法。從訓練效果來看，採用三週一循環的重複方法較好。通過三週訓練後，進行幾天短暫休整，然後在這一循環基礎上進行修改和補充，使訓練計劃更加完善。

週計劃所規定的任務在執行時不是一成不變的，應該根據具體情況，進行研究、修正。

五、課訓練計劃

課的訓練內容安排應根據週訓練計劃來制定，課中每個練習的距離、強度、要求和順序都應詳細、具體。

在一次訓練課中一般應有一～三個訓練高峰。如在準備活動後進行強度稍大的訓練，之後進行基本動作訓練或副項練習，運動量稍微下降，課結束前又進行強度較大的練習。如果是三個高峰，可在訓練課的基本部分插入一個。這個方法，一般是在主要訓練階段中期採用。在主要訓練階段的初期或基礎訓練後期，強度稍大的訓練可放在課的結束前進行。訓練中的主要計劃應安排在每週的大運動量訓練課及每次課的高峰中進行。

六、短期集訓計劃

如工運會、農運會這樣的比賽，賽前往往有一段游泳代表隊的短期集中訓練。這種短期集訓計劃，應根據運動員原有訓練水平、場地和訓練時間等情況制定。一般集訓少則十～十五天，多則一～三個月。

1.適應階段 約二～四週。主要任務是提高游泳技術水平，全面發展專項身體素質，增強有氧代謝能力。

這個階段以低強度、大數量的練習為主；水中以主項訓練為主；陸上以力量和柔韌性練習為主。這個階段初期可多進行超主項距離和長距離游泳，包括提高和改進技術的分解動作游，後期則漸增大強度。

2.基本階段　約四～六週。主要任務是進行大數量、高強度訓練，提高有氧代謝和無氧代謝的能力。初期，可多採用變速游的練習，同時適當結合短衝訓練。中期，可多採用間歇訓練，強度由低到高。後期，可以採用重複練習，採用短衝和測驗，小比賽等練習手段。

這段練習的強度較大，多採用接近比賽速度的重複訓練和短衝訓練，因此，應特別注意運動量的調整和休息。

3.減量階段　約三～四天　。主要是賽前準備，進行主項中速游、短衝和出發、轉身等專門性練習。

第十節　常用陸上練習方法

游泳運動成績的提高，是和運動員身體全面發展水平的不斷提高分不開的。所以，陸上一般身體訓練已經成為游泳專項成績提高的基礎。游泳的陸上訓練分一般身體訓練和陸上專項素質訓練兩方面。

一、陸上一般身體練習法

陸上一般身體訓練是指游泳運動員在訓練過程中，採用多種多樣的陸上身體練習，以增進運動員的健康，全面發展機體機能和運動素質，改造運動員的身體形態。一般身體訓練是專項身體訓練的基礎，對提高運動成績起著一定的作用。陸上一般身體訓練，常用的練習方法有田徑、籃球、足球、舉重、體操、墊上活動等。

二、陸上專項素質練習法

游泳運動的陸上專項素質訓練，是指在訓練中採用專門性身體練習，和對提高專項運動成績有直接關係的各種身體練習，以提高運動員的專項運動素質。游泳運動員應在發展全面身體素質的基礎上，有目的有重點地發展游泳專項所需要的身體素質。

1. **發展力量的方法**　力量素質是指肌肉工作時克服內外阻力的能力，力量素質是運動員的基本素質之一。運動員任何運動素質的表現，都是通過肌肉工作來完成的。力量可分為絕對力量、相對力量和速度力量幾類，從肌肉收縮的表現形式來分、又分為靜力性力量、動力性力量和等動性力量。

在選擇專項力量練習，制定身體訓練計劃時，需要依次完成三個任務：第一，確定肌肉和肌肉群參加游泳專項運動的工作情況，並要劃分出承擔主要負荷的肌肉和肌肉群。第二，確定這些肌力的訓練水平，要揭示其訓練中的薄弱環節。第三，針對被揭示的薄弱環節，選用最有效的練習。

(1)游泳的舉重練習：由於游泳姿勢不同，各種姿勢重點使用肌肉群也不同，因此在舉重練習時，要選用適合專項游泳姿勢和專門肌肉的練習方法。舉重練習的方法有：採用重量輕、重覆次數多的練習來發展肌肉耐力；用中等重量，練習一定的時間或次數，發展力量和力量耐力；用大重量、重複次數少的練習來發展肌肉力量。

進行游泳的舉重練習時應注意：要用均勻的速度將槓鈴向上舉起，不要猛然地舉起；不要試舉過重的重量。練習應分散進行，循序漸進。

⑵游泳的靜力練習：靜力性練習是指肌肉在緊張用力的時候，長度不發生變化。靜力練習可以通過同固定物體對抗或同移動的物體對抗來進行。例如，運動員將槓鈴保持在頭後，肘關節彎曲九十度來進行靜力練習。這種練習可以增強肱三頭肌的力量。支撐重量時間的長短，取決於重量的大小和運動員的體力情況，一般時間應在六～十二秒之間，重複二～四次。靜力練習的用力點應選在整個動作幅度的中點，或選在需用最大力量的點上。

⑶游泳的等動練習：這種練習，肌肉收縮時張力不變，動作速度相對穩定，使肌肉做動作時在整個過程中的每一點上都有極限的負荷量，因而可以給肌肉更大的負荷。由於游泳運動員在水中划水時，肌肉收縮是等動的，如果要使力量訓練的效果最大限度地轉化為專項素質，那就要用等動練習作為陸上力量練習的重要內容。

力量練習除舉重練習、靜力練習和等動練習外，在我國還普遍採用橡皮拉力器、啞鈴和實心球進行練習，這些器械重量輕，對發展力量耐力可取得很好的效果。

2.發展柔韌性的方法　對一名運動員來說，具備良好的柔韌性或靈活性是一種先天的有利因素，因為這樣才可以使其最大幅度地完成各種動作，充分地利用自己的力量、速度和協調性。這是游泳運動員的基本素質之一。

練習方法有動力性拉長和靜力性拉長兩種。動力性拉長是指在活動中拉長肌肉、韌帶的方法。靜力性拉長是指在定位中拉長肌肉、韌帶的方法。相比之下，靜力性拉長效果較好，動力性伸展練習效果差些，後者在快速爆發式情況下完成練習，肌肉和關節也容易受傷。

柔韌素質的訓練方法主要分為被動練習法和主動練習法。主動練習是沒有同伴幫助，運動員單獨進行練習。被動練習則要靠同伴的協助。研究證明，這兩種訓練法都很有效。

游泳運動所需要的肩和踝關節的柔韌性超過其他項目。例如：兩臂向後動作的幅度就特別需要肩關節的柔韌性，因為這可以使爬泳、蝶泳移臂和仰泳划水動作更加有力。

肩關節的柔韌性可以用強力的伸展練習來提高，這些練習可以通過同伴幫助或某種抗力（如重量），使肌肉逐步伸展。

踝關節柔韌性好，能使游泳運動員的足部較好地對水面打腿，更好地向後推水，從而使打腿動作更有效。發展踝關節的柔韌性，主要是通過壓踝，可採用加重力屈伸踝關節練習和提踵屈膝等練習。

對於游泳運動員來說，通過墊上練習發展腹背、身體兩側肌肉的力量和柔韌性也是十分必要的。

發展柔韌性練習，必須經常不間斷地進行，同時要和發展力量相結合，並且在練習之前做好充分的準備活動，以免拉傷肌肉、韌帶。練習幅度從小到大，用力從輕到重，速度從慢到快，循序漸進地進行。柔韌性練習時，要使肌肉和韌帶稍感酸痛，才能收到較好的效果。

3.提高速度的方法 速度是人體快速活動的能力，游泳運動員的速度表現為用最快的動作頻率游完一定距離的能力。速度包括反應速度、動作速度和位移速度。

反應速度是指人體對各種刺激發生反應的快慢。如游泳的出發起跳，就需要運動員對槍聲有極快的反應速度。

動作速度是指人體某一部位或環節在單位時間內完成動作的快慢。如划水、蹬腿都離不開動作速度。

位移速度是指人體在單位時間內移動的距離。游泳的位移速度，取決於最高速度、加速能力以及速度耐力。

發展速度可以較輕重量，採用按規定的時間或次數來完成的練習。如短距離跑、快速跳繩、籃球、體操和墊上運動等，都可作為練習手段。如採用比賽方法，則效果更佳。發展速度練習注意以下幾點：

(1)發展速度就是提高神經系統靈活性的過程。神經系統靈活性越高，發展速度的可能性就越大。青少年及兒童大腦皮層神經系統的靈活性高，可塑性大，因此，可以適當安排一定的速度練習，為以後發展速度打下基礎。

(2)速度練習安排在訓練課的準備活動後進行效果較好，但也可根據需要安排在訓練課的結束部分進行。

(3)長期進行中等頻率的慢長游，會引起速度的下降。因此，速度練習要經常安排。

⑷發展速度還應與培養反應能力結合進行，特別是出發的反應能力，是游泳訓練中不可忽視的一個方面。

⑸運動員應具有放鬆肌肉的能力，對於提高動作速率，意義很大。

4.發展耐力的方法 專項耐力是指人體在一定時間內進行或保持大強度運動的能力。通常的運動成績，特別是後程成績作為衡量專項耐力的指標。耐力水平越高，疲勞出現則越晚，運動員持續高度工作能力的時間就越長。

影響耐力素質的因素有：運動員一般身體發展水平，有機體各系統特別是與游泳運動關係密切的中樞神經系統、心血管系統和呼吸系統的活動能力，運動員的意志品質，動作的節省程度，直接參與游泳活動的主要大肌肉群的活動能力。

陸上耐力一般可分為一般耐力、速度耐力、力量耐力和靜力耐力四種。一般耐力是專項耐力和速度耐力的基礎。

根據游泳運動的特點，發展陸上耐力的方法主要是運用發展力量的手段，一般是以發展力量性耐力為主，但也有以發展力量性的速度耐力為主的。

5.游泳運動員肌肉的放鬆

在訓練中，肌肉能適時地放鬆，是良好技術的標誌之一。提高肌肉收縮的過程，在很大程度上是靠放鬆的速度來實現的。因此，在訓練中既要注意發展肌肉快速收縮的能力，又要注意掌握肌肉快速放鬆能力。

練習時要注意掌握由緊張轉為放鬆和由放鬆轉為緊張，以及緊張和放鬆相交替的原則。每次訓練後，都應安排一定的時間做放鬆練習，培養運動員善於放鬆肌肉的習慣。

專門的放鬆練習，可在一次訓練課後進行，也可以在每組練習後進行。水中練習後，可以站在池邊做一些按摩活動和深呼吸練習，這不僅對消除疲勞有利，而且對消除肌肉脹痛和恢復肌肉的彈性等都有良好的促進作用。但應注意，過分地放鬆會引起肌肉彈性下降，使肌肉收縮力減弱，所以在放鬆時，一定要注意適量。

陸上的放鬆方法也很多，主要有按摩、抖動、揉捏、叩打、溫水浴或熱水浴。按摩可以自我進行，也可以互相按摩。

在參加緊張的訓練和比賽後，適當安排一些放鬆練習，對於消除肌肉的疲勞，使機體得到更快的恢復，是很有利的。

第四章　實用游泳與救護方法

實用游泳是指採用非競技游泳姿勢，但具有較大實用價值的游泳技術。實用游泳對於廣大青少年來說，是很有學習價值的，比如在救護或自救中，需經常採用實用游姿，以利於救護工作的順利進行及自身的安全保障。

因此，掌握幾種實用游姿是很有價值的。

第一節 實用游泳基本技術

實用游泳技術包括踩水、抬頭爬泳、側泳、反蛙泳、潛泳等。

一、踩水

踩水，也叫立泳，是游泳愛好者們經常採用的一種姿勢。它是靠四肢協調動作，使身體能較長時間在水中停留的一種游泳技術。

踩水時身體直立在水中，上體稍前傾。兩眼平視在水面進行觀察。雙腿動作分為兩腿同時上收再向側下蹬夾水和單腿輪換上下蹬水兩種技術。雙手同時用力向側下方做弧形按壓水的動作，手掌要有壓水的感覺，兩手摸水路線呈「↙↘」弧形。臂、腿的動作配合是，兩腿做蹬夾水動作的同時，兩手做向外的摸水動作（如圖六九）。

踩水時，呼吸要自然，隨腿、臂動作的節奏自然地呼吸。以踩水技術游進

圖 69

時，身體要略前傾，腿稍向後側蹬水，兩臂向後撥水。後退游時，動作相反。也可以採用側向前的技術，這時，後腿應較為用力。

二、抬頭爬泳

抬頭爬泳的學習是建立在掌握爬泳基礎之上的。其技術要求是：頭抬出水面不要左右晃動；身體位置較高；手臂入水後要盡快進入划水和推水階段，划水路線要比一般的爬泳短；兩腿要用力打水，以便保持較高的身體位置（如圖七十）。

抬頭爬泳便於觀察溺者的方位，做到迅速、準確接近溺者。

三、側　泳

側泳的實用價值很大，武裝泅渡、軍事偵察、水中拖運物品和救護溺者都

圖 70

可以採用。

側泳是身體側臥在水中，兩臂交替划水，兩腿做蹬剪水的一種游泳姿勢。其特點是身體側臥在水中，肩與水平面接近垂直，約成十度～十五度角（如圖七一）。正因為側泳具有這樣的身體位置特點，所以在拖運溺者時，救生員可利用自己的體側以支撐溺者，便於進行拖運。

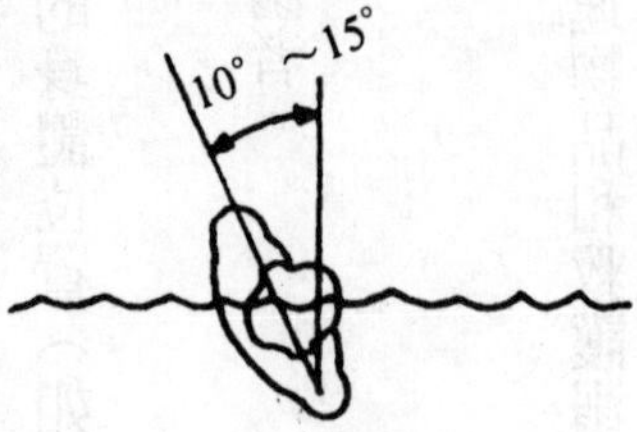

圖 71

側泳臂划水時，下臂動作始終是在水下進行的，而上臂動作則與自由泳有些相似，有空中移臂動作（如圖七二），因而可以使上臂騰出來抱住溺者的上體進行拖帶。

側泳技術的特點表現在腿上；蹬剪腿，即上腿以

圖 72

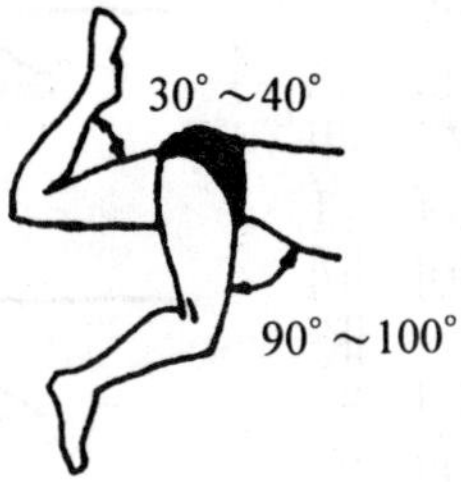

圖 73

髖關節發力，用大腿帶動小腿稍往前伸，以腳掌對著蹬水方向，由體前側向後方加速蹬夾水；以腳面和小腿對著蹬水方向，用力稍向下，再向後伸膝剪水，與上腿一起形成蹬剪水的動作（如圖七三）。

臂和腿的配合是：當上臂入水後，下臂開始前移並收腿，上臂划到腹下開始做推水動作時，下臂向前伸，同時腿用力向後做蹬剪動作。當上臂開始划水時，逐漸呼氣，划到腹下做推水時轉頭吸氣。移臂和入水時，頭還原，閉氣。其完整配合動作是：兩腿蹬剪水一次，兩臂各划水一次，呼吸一次，之後應有短暫的滑行動作（如圖七四）。

四、反蛙泳

反蛙泳是身體仰臥水中，兩腿同時向後蹬夾水，

圖74

兩臂在體側同時向後划水的一種游泳姿勢。反蛙泳的實用價值很大，一般在水中拖運物品或溺水者時，都採用這種技術。

反蛙泳技術

動作：身體仰臥於水中，兩臂自然伸直同時經空中在肩前入水，然後，屈臂高肘，掌心向後，使手和前臂對準划水方向，用力在體側划水。划水結束後，兩臂停留體側，使身體向前滑行。然後，兩臂自然放鬆從空中向前移臂，這時兩腿做類似蛙泳的收腿動作，收腿結束時兩腳向外翻轉，兩膝約寬於肩，腳和小腿內側向後對準蹬水方向，大腿發力，使小腿和腳向側後方蹬夾水。此時，兩手在肩前準備入水，蹬腿結束後，身體成水平姿勢，兩臂即又開始向後划水（如圖七五）。

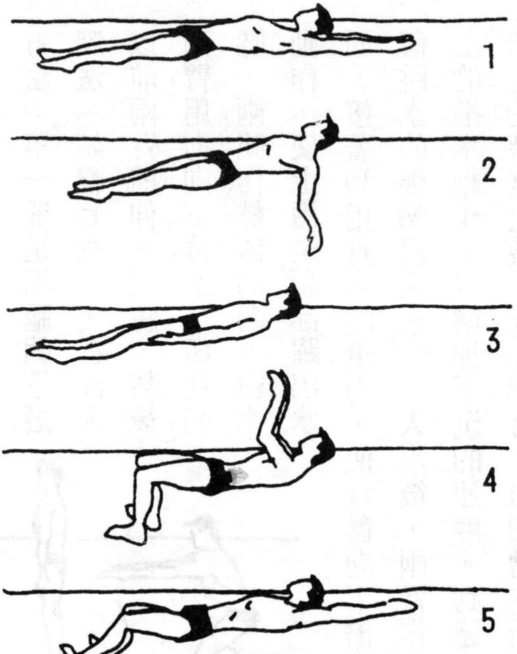

圖 75

五、潛　泳

潛泳是在水下游進的一種游泳技術。它的實用價值也很大，如打撈溺者和水中沉物以及水下工程等，都要採用潛泳。

一般有兩種潛入水中的方法：第一種是**兩腿朝下潛深法**（如圖七六）。在浸入以前兩臂前伸，屈腿，然後兩臂用力向下撐水，與此同時，兩腿作蛙泳的向下蹬水動作，使上體至腰部躍出水面。接著利用身體的重力，使身體向下潛，如直體跳水的姿勢浸入水中。入水後，兩臂作自下而上的推水動作，以增加下沉的速度。到達水底或預定的深度之後，立即團身，將頭轉向所需要的方向游進。

第二種是**頭先朝下潛**，這種方法的預備姿勢與上述方法相同，只是兩臂向後下方伸出，兩臂

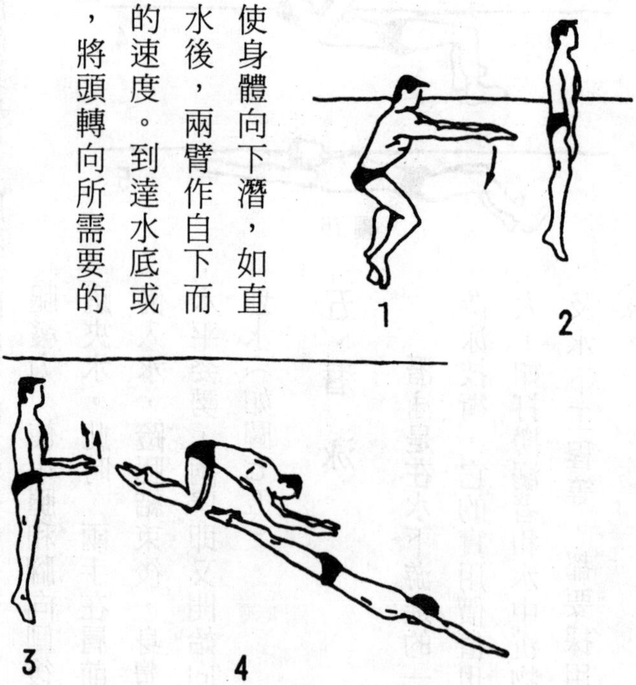

圖76

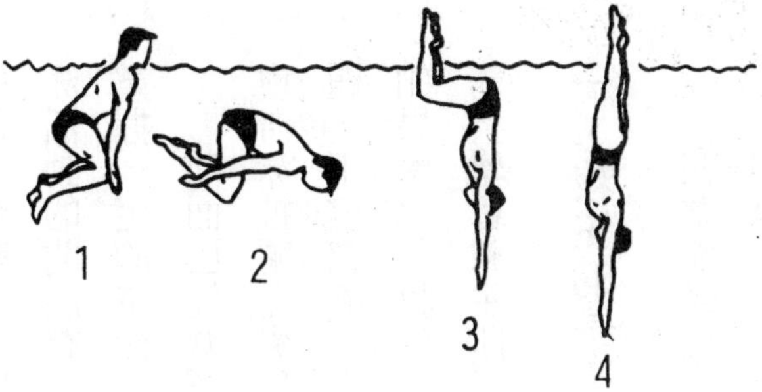

圖 77

自下而上用力划水，頭朝下，提臂舉腿，兩臂做蛙泳伸臂動作，向下伸直，由於兩腿的重力作用，使身體浸入水中（如圖七七）。入水後，兩腿向上做蛙泳的蹬水動作，以增加下沉的速度。當達到需要的深度之後，通過兩臂、頭部後仰以及胸部和腰部後屈的動作，使身體由垂直姿勢轉為水平姿勢。

以上介紹的是兩種潛泳技術，在潛泳技術中還有潛遠技術。潛遠技術分使用器材的競速潛泳（屬競賽項目）和不用器材的潛遠技術兩種。不使用器材的潛遠技術，主要有蛙式潛永、蛙式長划臂潛泳及爬式潛泳。

第二節　救護溺水者的方法

游泳救護工作是保障游泳安全的一項重要措施。加強游泳救護工作，不斷進行安全教育，以防止游泳事故發生，對於保障游泳者生命安全和促進群性游泳活動的開展有著重要的意義。因此，在廣泛開展群眾性游泳的同時，學會和掌握一定的游泳救護知識和技術是非常必要的。

前面已經介紹了實用游泳的一些基本技術。但是在游泳時，常常會出現不會游泳技術而失足落入水中導致溺水現象，因此，游泳時的安全教育是首要問題，不容忽視。如果某人遇險，我們應發揚人道主義精神，拯救人於危難。如果學會了救生的本領，這一問題就可迎刃而解了。要想成為一名救生者，就需要學會救生所必需的游泳技術和方法。

一、救生的基本要求

在準備參加救生之前，必須具備一定的基本技術。具體要求如下：

(1)要有一定的耐力水平，並能在十五分鐘內游完四百公尺。

(2)至少要掌握競技游泳四種姿勢中的三種姿勢，其中包括蛙泳。

(3)學會自救的方法。

(4)學會從岸上躍入水中的方法。

在學習救生之前還應掌握救護旳專項游泳技術。如抬頭爬泳、側泳、反蛙泳、潛泳、踩水等，這些技術是游泳救生員必須掌握的。

圖 78

二、間接救護方法

間接救護是救護者利用救生器材，對較清醒的溺水者施救的一種技術。救護員應在可能的條件下盡量採用救護器材進行救護，因為用器材救護既省力又安全迅速，效果也好。下面介紹幾種常用的游泳救護器材及使用方法。

1.**救生圈**　最好在救生圈上繫上一條繩子，當發現溺者時，可將救生圈擲給溺水者。如在江河裡，就向溺水者的上游擲。溺水者得到救生圈後，將他拖至岸邊（如圖七八、七九）。

2.**竹竿** 溺水者離岸、船較近時,可用竹竿伸給溺水者,切勿捅戳。待溺水者抓住後,將其拖至岸邊或船邊(如圖八十)。

3.**繩子** 在繩索的一頭繫一漂浮物,將繩子盤成圓形,救護者握住繩子的一端,然後將盤起來的繩子擲於溺水者的前方,使溺水者握住繩子上岸。

4.**木板** 在沒有其他救護器材的情況下,木板或其它可浮物也可作為救護器材。或將木板擲給溺水者,或扶木板游向溺水者,然後,將溺水者拖帶上岸(如圖八一)。

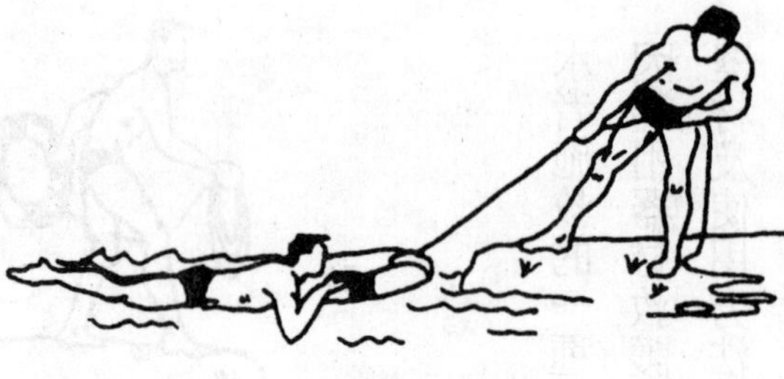

圖 79

圖 80

他人救護法除用上述器材進行救護外，還應根據具體情況和條件，因地制宜，利用各種現成器材進行救護，如木棍、木頭、門板等一些可以浮起的東西，以便及時救起溺水者。

圖 81

三、直接救護方法

直接救護是在沒有救護器材，或救護器材不能發揮作用的情況下採用的方法。當發現溺水者後，救護員應看清方位立即跳入水中進行救護。

直接救護技術由入水、游進與接近溺水者、解脫、拖運或拖帶、出水和岸上急救等部分組成。直接救護技術是游泳救生員必須掌握的，是游泳救護中最重要的環節，這已從游泳救護實踐中得到了證明。

在游泳救護中直接救護並不一定都需要解脫技術，而解脫技術卻是直接救護的一個很重要的內容。

1.入水前的觀察　發現溺水者後，立即掃視水域，判斷溺水者與自己的距離和方位。在江河湖海中還要注意水流方向、水面的寬窄、水底性質等因素。救護者要遵循入水後盡快游近溺水者進行施救的原則，迅速選擇入水地點。

2.入水　指救護者在發現溺水情況後，由岸邊跳入水中準備救護的過程。入水要迅速，並且要注意目標。入水方法大致有兩種：

在熟悉的水域或游泳池，可以用魚躍式，即頭先入水的出發動作。其優點是速度快。

在不熟悉的水域，可用「八一」式，即腳先入水的動作（如圖八二）。動作要領是，起跳後，兩臂側前舉，一腿前伸微屈，一腿稍向後屈。當身體接近水面時，兩腿夾水，手臂迅速壓水。這種入水方法的優點是，不會使身體下沉過多，並能防止碰到石頭或暗樁，而且頭部基本不入水，以便看清目

圖 82

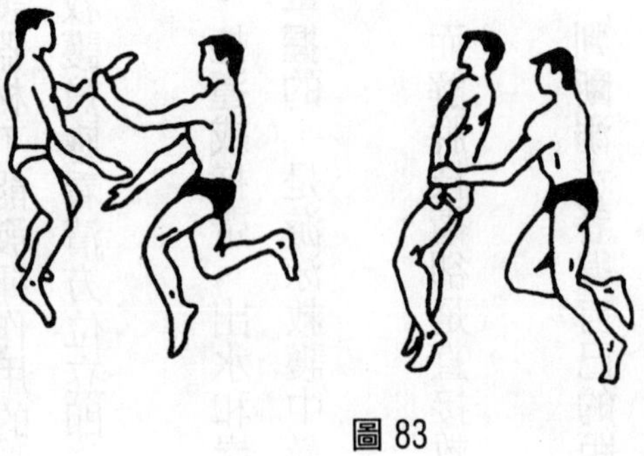

圖 83

標。

3.游近溺水者　救生員入水後，要盡快浮出水面，用速度快又便於觀察水面的抬頭爬泳游向溺水者。當溺水者停留在水面時，救護員游至距溺水者三～四公尺處，要急停，深吸氣，觀察溺水者動態，隨後迅速果斷地從溺水者的身後接近，避免被抓住。如果救生員游到溺水者前面需在水面正面接近時，可以用左手反手抓住溺水者的左手腕，然後用力向左拉，使溺水者轉體一八〇度背向自己，然後拖運（如圖八三）。溺水者在水面上時，救生員從正面接近的另一種方法是潛下接近。

在水面急停後，救護員深吸氣隨即潛入水中，然後以蛙泳手划至溺水者前方，兩手抱住其髖部，將他轉體拖運（如圖八四）。

在水質混濁的游泳場所，則應有意識地由正面轉向溺水者的一側，看清並及時抓住溺水者，邊拉邊做夾胸動作控制對方。

在江河中，如果溺水者已沉至水底多時，救生員不知道溺水者的確切位置，應由多位救生員，在大概的溺水範圍內，從江河上游處，從上至下順水潛入水

圖 84

中並排摸索。注意不要有遺漏。換氣時，要直接從下垂直浮出水面，踩水並進行呼吸，原地再次潛入水中，這樣反覆多次，一遍又一遍地潛尋，設法找到溺水者。

如果在水底發現溺水者，救護員在水下應從溺水者背後，用兩手拉其兩肩腋下，把溺水者抱起後，一手夾住溺水者上體，另一手下划，兩腿向下蹬水把他拉出水，再拖運（如圖八五）。

4.水中解脫技術與方法 在救護的過程中，救生員不僅要掌握救人的技術，而且要掌握解脫的技術，解脫技術的掌握與否，將直接影響到整個救護工作的進行。

圖 85

水中解脫是救護人員在

執行救護當中，被溺水者抓住或抱住時解脫的方法。溺水者在水中神志不清，掙扎亂抓。救護人員萬一被溺水者抓住，必須根據被抓的部位，熟練地採用各種解脫方法。解脫方法主要是利用反關節和槓杆原理進行的。

進行解脫時應注意以下幾個方面的問題：首先要沉著冷靜，頭腦清醒，不要慌亂；其次，動作要迅速果斷，不等溺水者抱緊，就應抓緊時間盡快解脫。要注意任何解脫動作都要與拖運技術相結合，也就是說，採用任何一種解脫方法，都必須抓住溺水者的手臂或身體迅速拖運，不要使溺水者離開自己，否則會出現溺水者沉入水中或被水沖走的可能，而增加救護的困難。

(1) 被溺水者抓住手臂的解脫方法：當溺水者從上方或下方抓住兩臂時，救護握緊雙拳向溺水者的拇指方向外旋或內旋，即可解脫（如圖八六）。溺水者兩手抓住

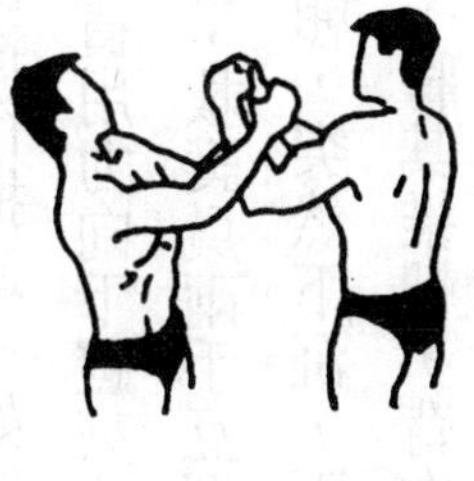

圖 87

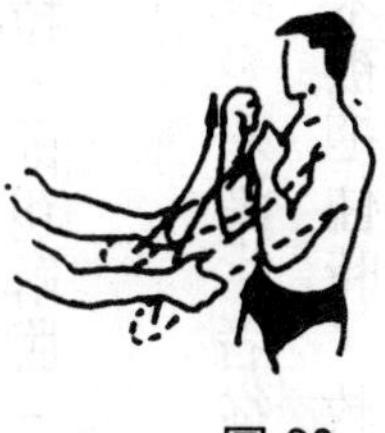

圖 86

圖 88

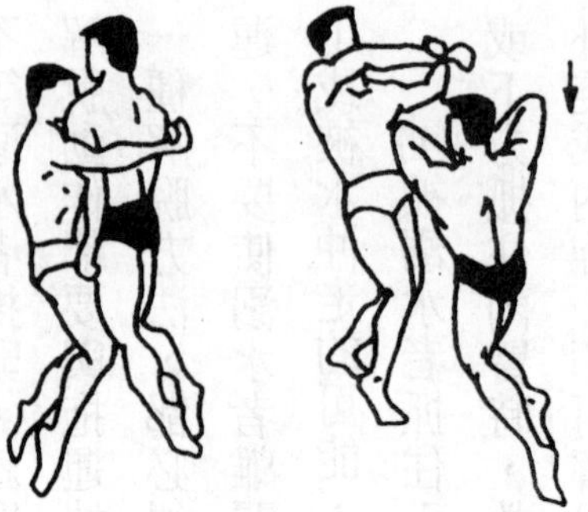

圖 89

單臂時，該手握緊拳頭，另一手從溺水者兩臂中間穿出，握住自己拳頭突然向下拉，即可解脫（如圖八七）。

(2)被溺水者從正面抱住上身：如溺水者從正前抱住救護者的上身，但兩臂未被抱住時，救護員用左手抱住溺水者的腰部，用力向自己身邊拉，右手用力推其前下頜，以使溺水者鬆手，然後將其旋轉成背向救護者，以便進行拖運（如圖八八）。如兩手都被抱住，救護員用力向下蹬夾腿，連同溺水者一起抬高身體位置，救護員兩手互握，然後兩肘用力猛然向兩側張開，突然下沉，下沉後，以兩手扶住溺水者腹部，將其推轉，背向自己，然後進行拖運（如圖八九）。

(3)正面抱頸解脫法：以左手抓住溺水者的左

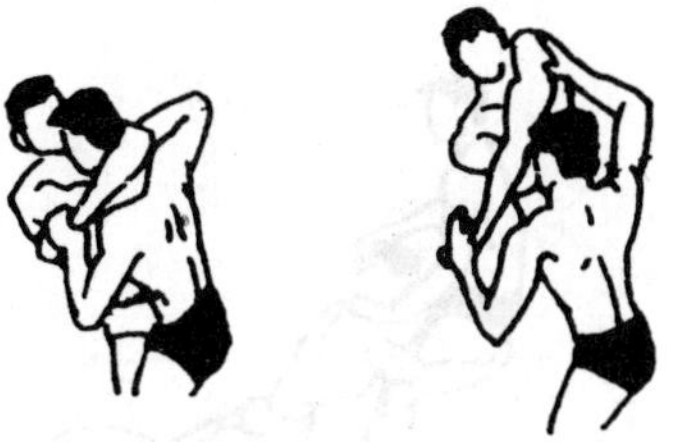

圖 90

手腕，右手撐著溺水者左腋部，下頦緊靠上胸。抓溺水者手腕的一隻手往下拉，撐溺水者腋部的一隻手往上推，這樣一推一拉，使自己頭部從溺水者所拖部位脫出，同時將溺水者左臂擰向背後，使其背向自己，隨即拖運（如圖九十）。

(4)正面抱腿解脫：溺水者兩手抱住救護員兩腿時，救護員可用一隻手按著溺水者的下頦，另一隻手按著溺水者的後腦，向一側扭轉，溺水者即鬆手解脫，然後把溺水者的身體扭轉，背向自己進行拖運（如圖九一）。

(5)抓住頭髮時的解脫：被溺水者的右手抓住頭髮不放時，救護員以左手抓住溺水者的前臂，以右手壓在被溺水者抓住頭髮的右手背上，稍低頭，同時左手用力推其右臂。溺水者鬆手後，救護員隨即鬆開左手，用右手將溺水者身體帶過來，進行拖運（如圖九二）。

(6)被溺水者從頸後抱住的解脫：救護員應將下頦靠向胸部，以免被溺水者

圖 91

圖 92

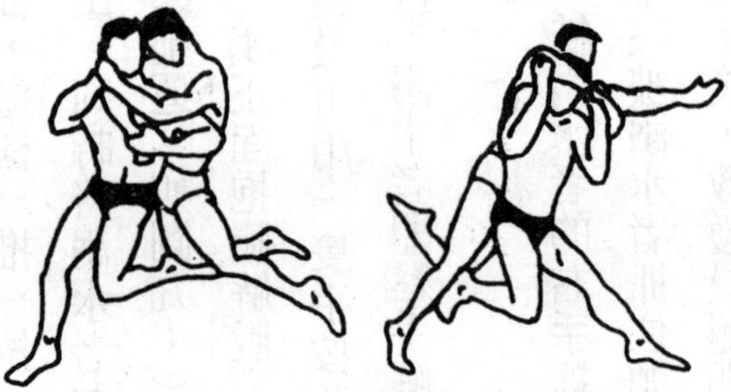

圖 93

圖 94

圖 95

的手臂壓迫頸部，妨礙呼吸，同時以左手抓住溺水者的右手腕向下拉，以右手托其肘部往上推，將頭從溺水者右腋下脫出。這時拉手不放，直至轉到溺水者背後，然後進行拖運（如圖九三）。

(7)被溺水者從後面抱住腰部的解脫：兩手臂未被抱住，救護員兩手分別抓住溺水者兩手食指以及任何一個手指，用力掰開，並挺胸仰頭，雙臂外展進行解脫（如圖九四）。解脫後救護員要抓住溺水者一隻手不放，帶到前面，進行拖運。如果兩手被溺水者抱住，兩臂用力向外上展開，抬頭挺胸，上體貼近溺水者身體，月腳蹬溺水者膝部。以上幾個動作同時協調用力進行，即可解脫（如圖九五）。解脫後救護員要及時拉住溺水者，以便拖運。

在進行上述各種解脫動作時，如果救護員一時不能脫開，千萬不要慌張，這時盡量想辦法使自己的身體馬上下沉，在下沉過程中繼續解脫。溺水者的心理是向上用勁，不願下沉，總是掙扎上浮，下沉時他容易鬆手，即可促使解脫動作順利進行。

上述幾種解脫方法是在游泳救護實踐中較常用的，應根據具體情況靈活運用。

5. 拖帶

拖帶又稱拖運，是溺水者被救後，救護人員把溺水者從水中用各種泳法拖帶上岸的方法。

⑴對掙扎亂動溺水者的拖運方法：以救護員右側泳為例，救護員左手從溺水者左肩上經左胸抱住右側身體，注意左手臂不要壓迫溺水者頸部，以免妨礙呼吸以至使其窒息，再用左側髖部頂住溺水者腰部，使其浮出水面。救護員要特別注意使自己的身體處於較高位置以便拖運（如圖九六）。也可採用側泳抓溺水者手臂拖運法，用右臂從溺水者右臂上方穿過，在他背上抓住他左前臂或手腕，並以右臂和右髖部頂住溺水者腰部、背部，用左側泳拖運（如圖九七）。

⑵對原來會游泳的人，雖頭腦清醒，但因體力不支或抽筋而需要救護時，讓溺水者自己做爬泳腿打水動作，兩手扶救護員臀部，進行拖運（如圖九八）；或者救護員兩手托溺水者頭部，兩腿做反蛙泳蹬腿動作，並可叫溺水者協同蹬水或踢水（如圖九九）。

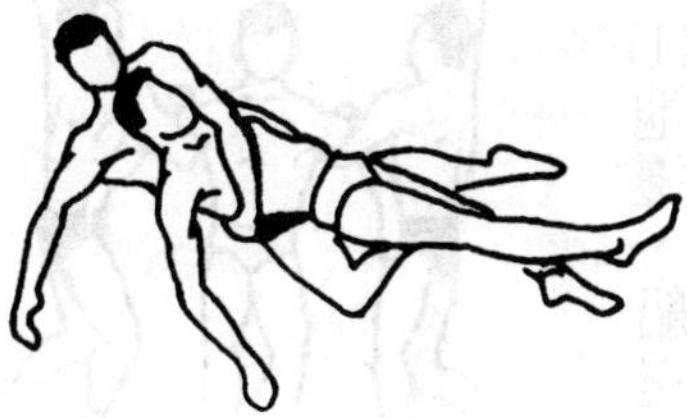

圖 96

圖 97

圖 98

圖 99

(3)雙人拖運法：如果兩名救護員同時入水對一溺水者進行救護，可採用雙人拖運法進行拖運。兩救護員從溺水者的左右兩側，各用一手握住溺水者的腋窩，用側泳或反蛙泳將其拖回（如圖一〇〇）。

圖 100

6.上岸法

(1)池邊、船邊上岸法：救護者用右手握住溺水者的右臂，並將其右手先放到岸邊，隨後用左手將溺水者的右手壓在岸邊，用右手和兩腿的力量支撐上岸，然後迅速用右手拉住溺水者的右手腕，再用左手拉住溺水者的左手腕，再將溺水者沈入水，但頭不要沒入水中，借助溺水者身體向上的浮力，把他提拉上來，並立即進行搶救（如圖一〇一）。

(2)扶梯上岸方法：將溺水者拖至梯前，搭在自己的右肩上（如圖一〇二），兩手握住扶梯，穩步上岸。當溺水者的臀部夠到池邊時，慢慢放下，隨後將右腳踏在池邊上，右手托住溺水者的頸部，左手抓住扶梯，彎腰向前，慢慢將溺

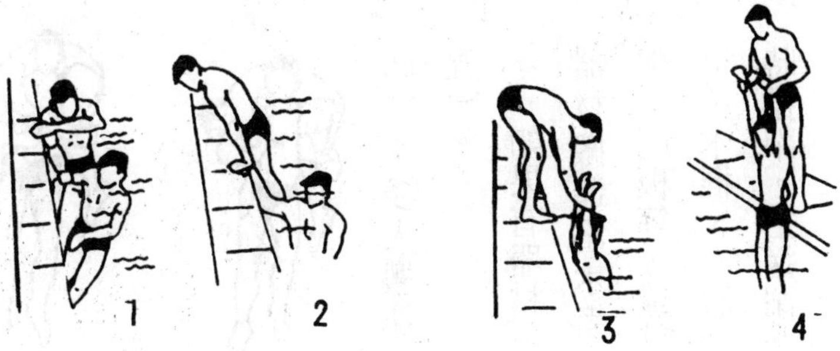

圖 101

圖 102

水者放倒，立即進行搶救。

7.岸上急救方法　救護員將溺水者拖運出水上岸後，要立即進行急救。救護員對溺水者的急救內容包括搬運、排除腹水、人工呼吸和壓放心臟，及轉送醫院進行醫療搶救。

(1)搬運：救護員將溺水者救上岸後，往往需要按一定方法做短程轉送至岸邊平坦處急救或送上救護車轉送醫院。一般搬運的方法有：單人短程搬運，採用肩扛法（如圖一〇三）；雙人搬運法（如圖一〇

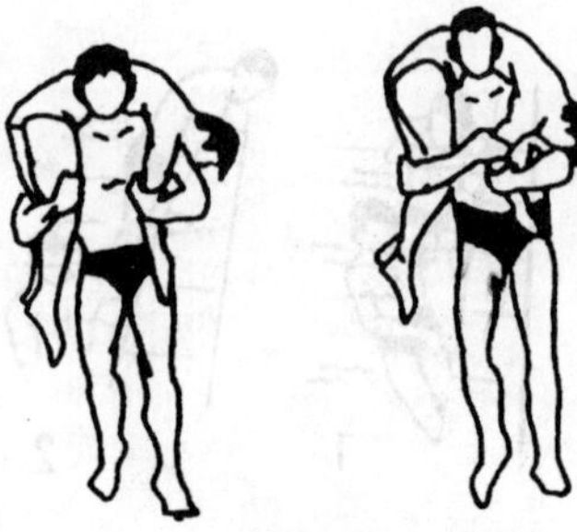

圖 103

四）；多人搬運法（如圖一〇五）。

如果有器材，則應盡量利用器材搬運溺水者，常見的有擔架、門板等，或就地取材，用竹竿、木棍、衣服、繩索等製成臨時擔架，抬送溺水者更為方便、

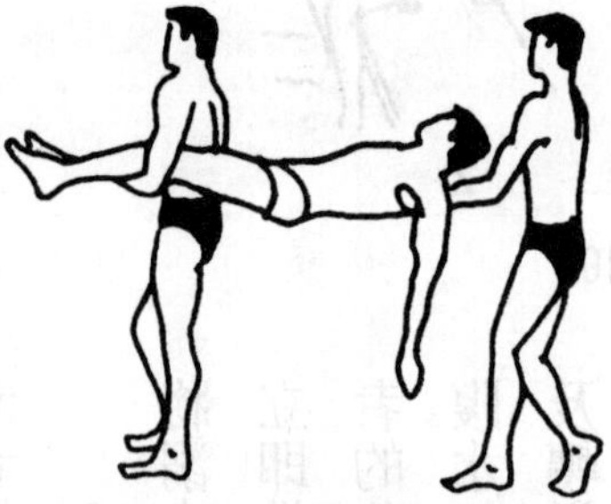

圖 104

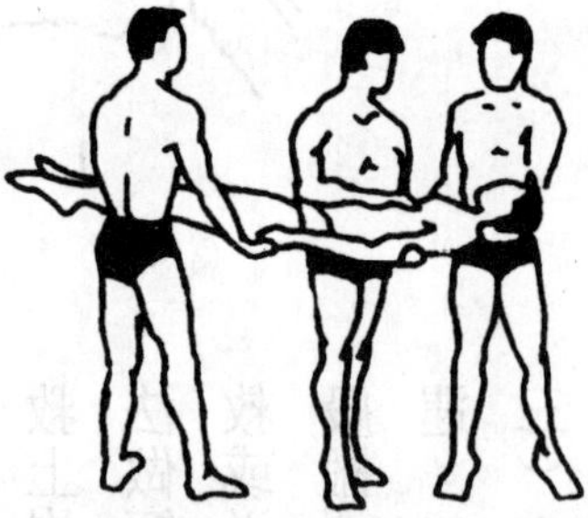

圖 105

圖 106

圖 107

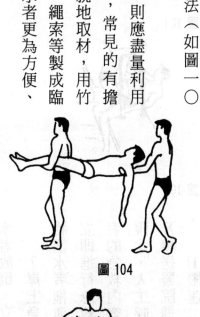

省力、迅速。

(2)排除腹水：如溺水者喝水過多，則需排除腹水。先開口腔，目的是先清除溺水者口鼻中的淤泥、雜物和嘔吐物等，使食道和上呼吸道通暢，以便排除腹水或進行人工呼吸。一般排除腹水的方法有膝上倒水法（如圖一〇六）：救護者一腿跪下，另一腿屈膝，將溺水者腹部放在屈膝的大腿上，一手扶著溺水者的頭，使溺水者嘴向下，另一手壓其背部，把水排出。還有一種方法，即溺水者俯臥在地上，救護者兩腿分開放在溺水者的兩側，兩手從兩側插在溺水者腹下，用力上提，使水控出（如圖一〇七）。

以上倒水法應酌情採用，如果倒不出水，不必強行再倒，應立即做人工呼吸及壓放心臟急救。

(3)人工呼吸：溺水者被救上岸以後，如心臟有跳動，應立即進行人工呼吸。人工呼吸的方法很多，實踐證明，以對口吹氣法效果比較好，而且可同時進行胸外心臟按摩。方法是，使溺水者仰臥，頭部盡量後仰，把口打開並蓋上紗布，救護者一手托起溺水者下頜，掌根輕壓環狀軟骨，使其壓迫食管，防止空氣入

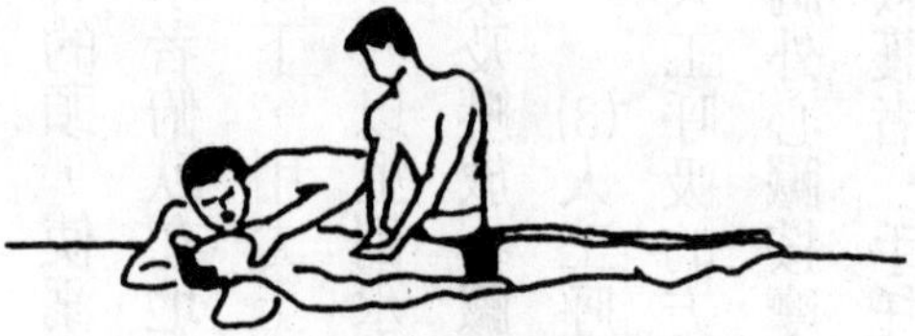

圖108

胃，另一手捏住其鼻孔，然後深吸一口氣，對準口部將氣吹入。吹完後鬆開捏鼻孔的手，如此反覆進行，每分鐘做十四～二十次左右。進行不能間斷，開始時可稍慢，以後可適當加快，直至溺水者恢復呼吸為止。

胸外心臟按摩，可以在進行人工呼吸時同時進行（如圖一〇八）。方法是：兩手掌相重疊，放於溺水者胸骨體下段及劍突部，用力下壓隨後將手放鬆，每分鐘以六十～八十次有節奏地進行，下壓時用力要均勻、緩慢，鬆手要快，不宜用力過猛。

第三節　自我救護的方法

游泳是人人喜愛的一項體育活動，但是我們在學習中一定要注意安全，尤其對初學游泳者來說，要學會自救的方法，特別是在江、河、湖、海中游泳遇到危險時，更要保持鎮靜，不要慌恐，要相信自己能夠解脫危險。實在不行則發出呼救信號，以便及時得到同伴或救護員的救護與幫助。

在下列情況下，可採用自我救護的方法：

如果船翻了，但還能停留在水面時，就要抓住它；但如果船開始下沉，就要盡快離開它，以便不被船下沉時引起的空氣渦流困擾　。在水中時要抓住所有起漂浮作用的物體，如桶、木板、塑料泡沫塊等，用雙手抓住它們，以助於浮上水面。

如果遇到危險，在水中要盡量保持清醒，不要做一些無用的動作來消耗體力，要以消耗能量最少的動作游泳，如蛙泳、仰泳、側泳等，採用較慢速度游進，必要時可以交換姿勢，借以調整體力。

遇險時，盡量穿著衣服，除非它們在危險時有妨礙動作的情況方可脫掉。在較冷的水域中穿衣服游泳可以保持體溫。一旦體溫下降，會導致昏迷，這是導致溺死的一項主要原因。

游泳時，有時會發生抽筋現象，抽筋的部位主要是小腿和大腿，有時手指、腳趾等其他部位也會發生。發生抽筋的原因是，游泳前沒有做準備活動或準備活動不充分，下水後突然劇烈地做蹬水、划水動作，或因水涼刺激肌肉突然收縮而出現抽筋。游泳時間過長，過分疲勞及體力消耗過多，在機體大量散熱或精神緊張、游泳動作不協調等情況下也會出現抽筋。

預防抽筋的辦法是，充分做好游泳前的專門準備活動，游泳時間的長短要根據自己的體力和技術情況而定。

游泳時發生抽筋，千萬不要驚慌，一定要保持鎮靜，可以呼救也可以自救。如距岸邊較近，應立即上岸，按摩抽筋部位，並注意保暖，不應再下水游泳。在水中自我解救抽筋部位的方法，主要是拉長抽筋的肌肉，使收縮的肌肉放鬆和伸展。自救的方法如下：

(1)手指抽筋：手握成拳，然後用力張開（如圖一〇九）。反覆做幾次即可消除。

(2)小腿或腳趾抽筋：先吸一口氣浮在水面上，用抽筋腳的對側手握住並拉抽筋的腳趾。用力向身體方向拉，同時用同側手壓在抽筋腿的膝蓋上，使抽筋

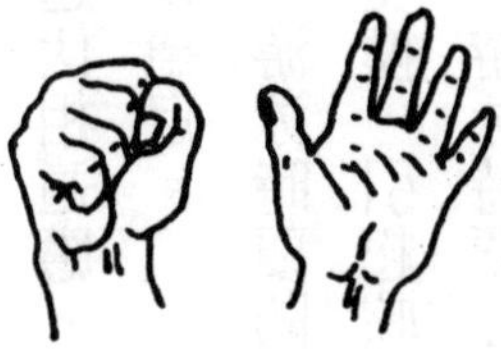

圖 109

圖 110

腿伸直即可解除（如圖一一〇）。大腿抽筋的解救方法相同。

游泳者盡量不要在有水草的水域中游泳，如被水草纏住時，不可直立或手腳亂動，應用仰泳順原路退回，或平臥水面，使兩腿分開，用手解脫（圖一一一）。自己無法擺脫時，應及時呼救。

如遇漩渦，切勿踩水，應立刻鎮靜地平臥水面，並沿著漩渦的外邊，用爬泳盡快地游過它。因為漩渦一般只有中心部分吸引力比較大，不容易把面積大的東西捲入水底，所以身體必須平臥水面，切不可直立踩水或潛入水中。

如遇風浪，首先要弄清它的方

圖 111

向，如風浪從正面或側面打來，臉要轉向一側，才能吸氣。也可以在風浪將要打來時，吸足氣，低頭入水，等浪頭過後，再出水面吸氣，使呼吸動作與波浪的起伏相適應。在避風浪的過程中，要注意身體平臥水面，並隨波浪起伏，情緒要穩定。

游泳時要防嗆水。水從鼻腔或口腔進入呼吸道，影響呼吸器與外界進行氣體交換，引起咳嗽、嗆水。嗆水有時也會導致溺水。

游泳時要注意練習和掌握正確的水中呼吸動作。無論哪種泳式都要求嘴在水面上吸氣，吸氣後應有一瞬間的憋氣，然後在水下用嘴、鼻同時呼氣，沒有呼完的氣在水面換氣前應迅速呼淨，緊接著做吸氣動作。千萬不要在水中吸氣。如已嗆了水，不要驚慌，迅速調整呼吸，或使頭露在水面，做幾次游泳動作，也做原地踩水動作，調整一會即可恢復正常。

第五章　游泳安全衛生與保健知識

第一節　游泳安全衛生知識

游泳是一項深受人們喜愛的體育活動，但時刻要注意安全，防止發生意外事故。開展游泳活動時，應加強組織領導，進行安全教育工作，加強組織紀律性。要有周密的安全措施，這是開展游泳運動的重要保證。

一、游泳場所的選擇

游泳場所一般可分為兩類，一類是人工修建的游泳池、館，另一類是江河湖海等天然水域。如果場地選擇不當，就達不到開展游泳運動的目的，甚至會發生意外問題。

一般人工游泳池館容易管理，安全方面的問題也便於解決。天然水域的情況比較複雜，有許多安全方面的問題需要注意。

在選擇天然水域做游泳場所時，首先要注意水的情況，包括水質、水底、水流、水深、水中生物等情況，凡不適宜游泳的水域，都不要進行游泳。在選擇河流做游泳場所的時候，要注意上游是否被污水或工業廢水所污染，如有條件，最好經過化驗合格，再選擇為游泳場所，在海濱選擇游泳場所時，要注意有無傷人的魚類或其他動物等。

除注意水質的情況以外，還要注意水底的情況。最理想的是河底。在有污泥、亂石、暗礁、樹枝和雜草叢生的地方，都不宜作為游泳場所，以防止發生意外事故。

二、認真進行體檢

游泳運動消耗能量較大，加上水的特殊環境，如水的壓力、密度、水溫等原因，有些疾病患者是不宜參加的。所以在從事游泳活動前，應進行全面體檢。凡患有心臟病、高血壓、活動性肺結核、傳染性肝炎、腎炎、癲癇病、中耳炎、鼻竇炎、腹瀉、感冒、傳染性皮膚病、有開放性的傷口者，不宜下水游泳。一般來說，婦女在月經期也不宜游泳。患有上述疾病以及身體處於不適狀態的人，應自覺暫不參加游泳，否則不但對自己健康不利，而且也易於把有些疾病傳染給別人。

「紅眼病」，是夏天最容易流行的眼部傳染。患這種病時，眼結膜發紅、腫脹、疼痛。游泳池裡最容易傳播這種病。所以患「紅眼病」的人，也要自覺地不要到公共游泳池去游泳。

三、安排好參加游泳活動的合適時間

游泳活動一般可在飯後一小時以後進行。否則容易引起消化不良，嚴重的會引起腸胃病。

另外，空著肚子游泳也不合適，這樣容易引起頭暈或四肢無力。

在參加激烈運動或重體力勞動後，由於身體處於疲勞狀態，機體反應能力、協調性等下降，會增加呼吸和心臟器官負擔，所以，應適當休息後再從事游泳活動。酒後也不宜游泳。

四、合理安排運動量

游泳的時間長短，應根據身體情況、水溫、氣溫、從事游泳鍛鍊的水平等來確定，一般一次游一～一．五小時較為合適。游的時間太長，消耗熱量過大；游的時間太短，則收不到應有的鍛鍊效果。此外，還應考慮游的總時間、強度、密度等情況。如游的總時間長，就可以多在岸上休息幾次，下水次數和時間可相對減少；反之，則可長些。如果出現嘴唇發紫、身上起雞皮疙瘩、打冷顫，甚至感覺到頭暈等不良反應時，應立即上岸休息，擦乾身上的水，待身體恢復正常後，再繼續游泳。

如果在水中僅僅是感覺冷，往往是由於缺乏鍛鍊所致，不一定屬於不良反應，這時應以頑強的意志堅持鍛鍊。克服水的寒冷，不但對身體是一種良好鍛鍊，而且對思想意志品質也是有益的培養。

下水的時候，身體驟然受到冷水的刺激，這時體表血管收縮，血液循環減少，因而皮膚變得蒼白或起雞皮疙瘩，感覺寒冷，這是入水後身體正常的生理反應，叫做「初期反應」。初期反應以後，緊接著就是體內各器官的活動和物質代謝加強，熱量增加，體表血管擴張，血液循環改善，身體感到暖和。這些變化，叫做「三期反應」，這是身體適應寒冷刺激的一種積極反應。

這種反應出現得越迅速，持續的時間越久，越能表明身體機能狀況良好。這個階段是我們在水中進行活動最好的時間。有的人在二期反應以後，身體又重新感到寒冷，渾身打顫等，這表明身體已不適應水中環境，這叫做「三期反應」。如有三期反應出現，就應該立即上岸保暖，同時可做一些活動，如跑步、體操等，還可以喝些熱的飲料，使身體發熱。

在練習游泳的時候，下水後身體不要停留不動，應積極活動，這樣可以縮短初期反應時間，促進二期反應的出現。經過長期游泳鍛鍊的人，可以提高身體對水的適應能力，初期反應的時間變短，甚至不出現，就進入二期反應，而且持續的時間較長，又不容易出現三期反應。要想使身體盡快適應水的環境，在入水前要做準備活動。

五、入水前的準備活動

游泳的準備活動一般採用徒手操、慢跑以及模仿游泳動作等練習。準備活動以後，可以改善身體各器官系統的狀態，提高神經系統的興奮性和靈活性，使心臟和呼吸器官的活動加強，血液循環和物質代謝的過程加快，肌肉的力量和彈性增加，關節活動範圍加大，靈活性提高。體內的這些變化，有利於身體更快地適應游泳活動時的需要，同時對預防肌肉抽筋和拉傷有一定療效作用。有的人沒有做準備活動就進入水中，所以，容易出現頭暈、噁心和心慌等不適感覺，或出現肌肉痙攣和拉傷。

準備活動的內容和運動量，隨著不同的游泳姿勢和學習內容而不同，但基本要求必須是使身體各部肌肉、關節活動開，尤其是游泳動作中常用的部位，如蛙泳的下肢、膝關節、踝關節，自由泳、仰泳的上肢、肩關節等等。一般可先進行慢跑步，然後再進行徒手體操、跳躍等練習，最後可練習一些陸地上的模仿動作。活動時一般都從頸、肩、腰、髖、膝、踝關節依次進行。除身體活動以外，在下水時，還應該先用水擦擦面部、胸部、大腿等部位，使身體對冷水的刺激有些適應以後，再進入水中。

下面介紹一套簡單的陸上徒手體操練習，在做練習時，可根據具體情況，有所增減。

第一節：頭部運動。兩腳左右分開站立，兩手叉腰，頭部向前、後、左、右振動，然後左右旋轉（如圖一一二）。

第二節：手臂繞環運動。兩腳左右分開站立，兩臂同時向前繞環，然後再向後繞環（如圖一一三）。

第三節：擴胸運動。身體成站立姿勢，兩臂在胸前平屈，並向後振動，然後兩臂成側平舉，掌心向上，向後振動，之後兩臂同時自下而上，

圖 112

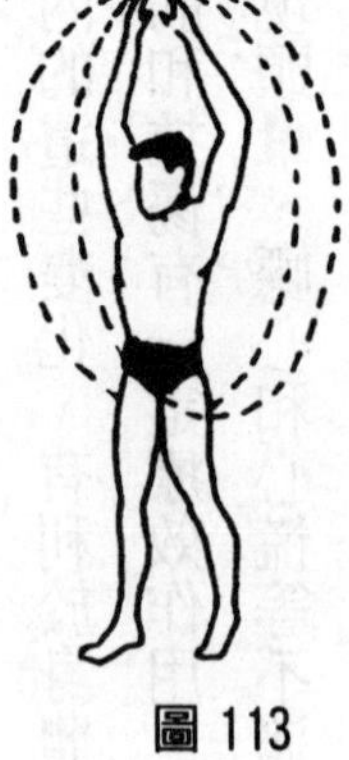
圖 113

圖 114

向後振臂，此時，兩腳成前後開立姿勢，然後還原（如圖一一四）。

第四節：體轉運動。兩腳左右開立，兩臂成側平舉，然後向左或向右轉體，一臂成側平舉。另一臂成平屈姿勢（如圖一一五）。

第五節：腰部運動：兩腳左右開立，以腰部為軸，做左或右繞環動作（如圖一一六）。

第六節：腹背運動

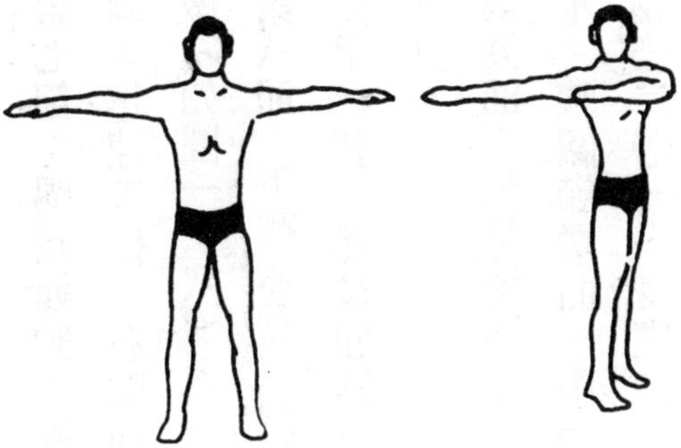

圖 115

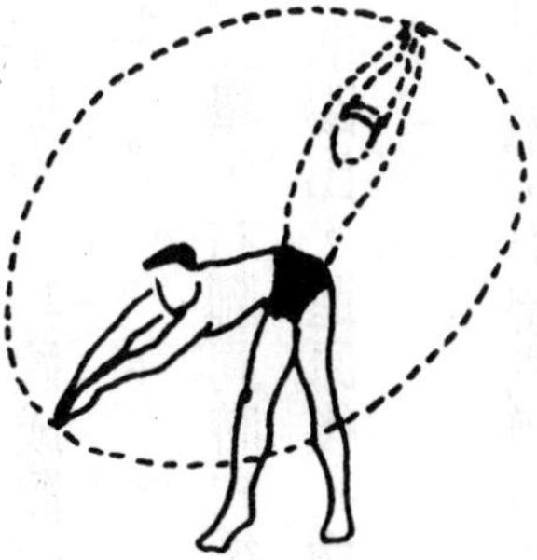

圖 116

圖 117

圖 118

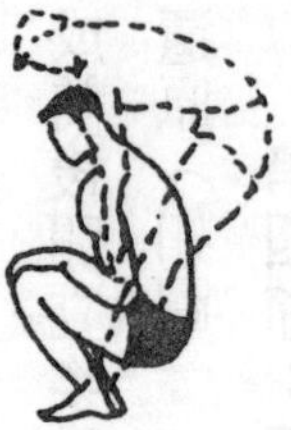

圖 119

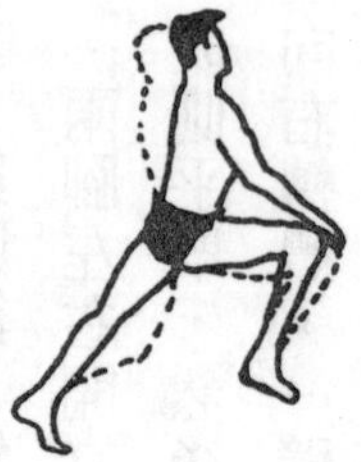

圖 120

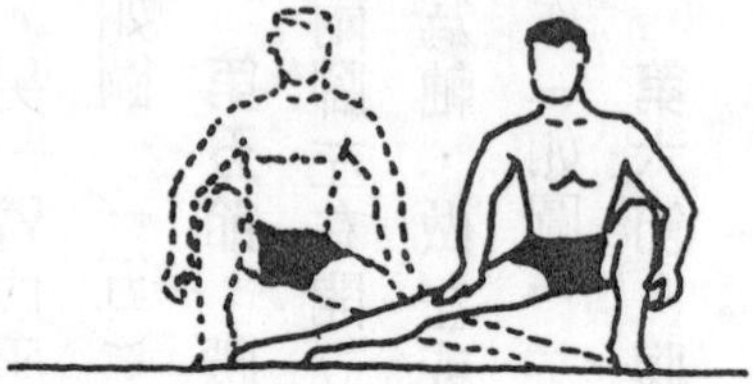

圖 121

。兩腿伸直，兩臂同時向上和向下振動，身體成體前屈，使兩手掌盡量觸地（如圖一一七）。

第七節：踢腿運動：兩臂成上舉，右腳同時向後舉步，兩臂迅速下振，右腳同時向前踢出，還原後，換另一腿做（如圖一一八）。

第八節：下蹲運動。兩腿伸直併攏，上體成體前屈，同時雙手扶膝，然後屈膝下蹲，還原後，再重複做（如圖一一九）。

第九節：壓腿運動。正壓腿：右腳向前跨出一大步，成弓步，膝關節彎曲，兩手扶在右膝上，左腿在後伸直（如圖一二〇），身體向下振動，做壓腿動作，左右腿交替進行。側壓腿：兩腿左右分開，左膝彎曲時，右腿伸直，身體重心移向左腿，並向下振動壓伸直的腿，左右腿交替進行（如圖一二一）。

第十節：跳躍運動。兩腳併攏，身體先下蹲，然後再向上跳起，同時兩臂上振，跳起時稍挺胸（如圖一二二）。

圖 122

六、游泳之後的清潔衛生

游泳出水之後，如果有淋浴設備，應該將身體沖洗一遍。並在沖洗時用清水洗洗眼睛和耳、漱漱口，之後將身上的水擦乾。這時可做一些簡單的體操練習，或做其他輕微的活動，活動四肢，使全身肌肉放鬆，有助於消除疲勞。當然，在陰天或天氣比較涼時，應該穿好衣服，再進行活動。

初學游泳的人，在開始游泳時，身體各部位可能會出現不適的感覺，特別是有的肌肉感覺酸痛，這主要是游泳時動作不協調，不會用力，或使局部肌肉負擔量過重而引起的。如果疼痛不再加重，可以堅持練習幾次，疼痛就會慢慢地消失。如果疼痛比較嚴重，影響動作的完成時，應該調整幾天，待疼痛減輕後，再開始練習游泳，這樣效果可能會更好一些。

第二節 游泳保健知識

游泳保健做得好，就可以少出或不出外傷或損傷，這樣既能堅持持久的鍛鍊身體，又能提高身體的抗病能力。

一、如何預防外傷

游泳時，特別在野外游泳場所，如果不注意安全工作，就很容易發生各種外傷。如池底不乾淨，有銳利的石塊、玻璃片、鐵釘等，最容易刺傷腳底。有的游泳池較小，游泳的人又很多，如果組織不好，在池內互相打鬧、開玩笑、推人跳水等，很容易發生鼻和頭部碰傷。

有的由於跳水姿勢不正確，入水角度未掌握好，頭和臂部動作均向下用勁，如果池水或河水較淺，很容易出現頭部和臉部劃破，嚴重的可引起鼻骨骨折、頸椎錯位等，甚至造成終生殘廢。因此，在不具備跳水設備的游泳池、館，或在天然水域中游泳，應該禁止跳水，同時還應向游泳愛好者宣傳跳水時可能出現的傷害後果。

如果發生了外傷，應該怎樣處理呢？如果是腳、手、腿和臂部的小刺傷，流血不多，可以讓受傷的人平臥下來，把受傷的肢體抬高，同時用乾淨的紗布壓在受傷處，幾分鐘後，流血就可以止住。如果傷口不深，可在受傷部位塗點外用消毒藥水，不必包紮，幾天後就可以痊癒。

如果頭部受傷，應該迅速用紗布壓在頭部傷口上止血。同時，受傷的人應平臥，頭部稍微墊高，在安靜的地方休息。如果受傷的人意識模糊，甚至已進入昏迷狀態，應該迅速送往醫院急救，在搬運途中，要平穩，盡量避免搖晃振動。

要避免這些外傷事故的發生，首先要加強對游泳池的清潔衛生管理，經常進行檢查，徹底清理池底污物和可能引起外傷的雜物。如果選擇自然水域為游泳場所，應該選擇有沙子或碎石為底的地方，並要除去池邊和池底的樹樁和大石塊等。無論在哪兒游泳，在沒有組織的情況下，都應該禁止跳水。

二、蛙泳膝關節損傷及預防

膝關節損傷是蛙泳愛好者常見的疾病之一，多見於膝關節內側副韌帶的損傷，這種損傷有時還伴有劇烈的疼痛。

蹬蛙泳腿時，為了使小腿的內側對準水，蹬腿動作必須使膝關節和脛骨向外扭轉，而內側副韌帶的主要功能是防止膝關節外翻和脛骨外旋，當蹬腿用力不當時，內側副韌帶承受不了這一大強度工作，而引起損傷。有的初學者，是由於局部負擔過重，蛙泳蹬腿練習的比例過大，由局部疲勞而引起的。有的人是屬於動作技術不正確，用力不合理而造成的。

預防的措施主要是加強下肢力量的練習，特別要加強大腿內收肌群的力量。練習前，要做好充分的準備活動，如多做膝繞環、下蹲、左右側壓腿等練習，還可以用手按摩或用水摩擦膝部。在初學蛙泳時，應把划水和蹬腿交替穿插起來進行練習。蛙泳練習的比重要恰當，不要過分集中單一蹬腿動作，以防止局部疲勞而引起損傷。如果發現膝關節損傷後，應減少蛙泳動作的練習，可以改變其他泳式，等傷癒後再練習。嚴重者就醫。

三、游泳性結膜炎及預防

很多人游泳後，眼睛都有點發紅，有的眼皮還有些腫，這是因為游泳時，眼結膜受到水和水中雜質的刺激而引起的。結膜上的毛細血管受到涼水的輕微刺激，會擴張而血流緩慢，這是正常的生理現象。經過一兩個小時後就會消失。如果兩三天後，眼睛發紅仍不消失，或反而加重，並且還出現眼疼、怕光、睜不開眼、流淚和眼屎增多等現象，這是細菌侵襲到了眼內，這種眼病叫游泳性眼結膜炎，醫學上稱「急性結膜炎」，俗名「紅眼病」。

「紅眼病」通常是由於池水不乾淨而引起的。也可能是游完以後，眼睛感到不舒服、刺癢，就用手揉，把細菌帶到了眼裡。

預防措施是加強池水消毒，池水中的餘氯含量要控制在規定的指標範圍內（含氯量在〇・八～一・四之間）。禁止患「紅眼病」者游泳，以免感染他人。如果有條件的可配戴游泳鏡游泳，以免受氯氣浸入或細菌感染。游泳後，最好上一些氯霉素眼藥水或金霉素眼藥膏。

四、鼻竇炎及預防

鼻腔兩側的骨骼裡，有幾個空隙的地方，這就是鼻竇。鼻竇與鼻腔相通。游泳的時候，如果嗆水，就有可能把水帶進鼻竇。另外，跳水的時候，頭部入水的角度不正確，呼吸時機掌握不好，水很容易進入鼻腔和鼻竇裡去。如果水不乾淨，含有病菌，就容易引起鼻腔炎或鼻竇炎。其症狀是：鼻梁兩側上部疼痛，鼻流清水，嚴重的流濃鼻涕等黃色分泌物。

鼻竇炎產生的主要原因是游泳時呼吸不正確，鼻沖水或口嗆水時，帶有細菌的水侵入鼻內，在身體抵抗力弱的情況下，引起此病。

預防措施主要是掌握正確的呼吸方法，避免嗆水。若發生鼻子進水，不可用力捏鼻子，因為這樣做，會把水從鼻咽腔擠弄到中耳裡去，容易引起中耳炎。如果已發展成鼻竇炎的，要聽醫囑，抓緊時間治療。如果是輕度的，可在游泳後，用熱毛巾放在鼻梁上做熱敷，以促進局部血液循環，幫助消炎。還可以向鼻腔內點幾滴金霉素等藥水，預防其發展。

五、耳病及預防

游泳後如果感到聽力下降，或耳內有不舒服的感覺，常常是因為兩耳內積留有水。有些初學游泳的人，因為不知道如何將耳裡的水倒出來，就用小棍、耳勺、手指去掏挖，這樣這容易刺破耳孔內的皮膚和鼓膜，引起外耳道感染或中耳炎。其症狀是：耳部紅腫發燒、疼痛劇烈，嚴重者流膿血。患中耳炎者，還伴有頭痛、發燒、噁心、嘔吐等。

產生原因是由於池水不清潔，細菌侵入外耳道或水通過咽管侵入中耳。有的上呼吸道發炎，感冒時游泳，也容易引起此病。

預防措施是要到水質經過嚴格消毒處理後的游泳池或天然游泳場去游泳；凡患有耳膜破裂或穿孔者，應停止游泳；要注意正確呼吸方法，避免嗆水。最重要的是，耳內灌水後不要隨便挖，可用「跳空法」，即頭側向灌水耳朵一側，並用同側腳連續震跳，使水從耳朵內流出來（如圖一二三）。還有一種方法，稱為吸引法，將頭偏向進水耳朵一側，用手掌緊壓耳廓上，屏住呼吸，然後迅速提起手掌，一壓一吸，連續做幾次，可將水吸出（如圖一二四）。

圖 123

圖 124

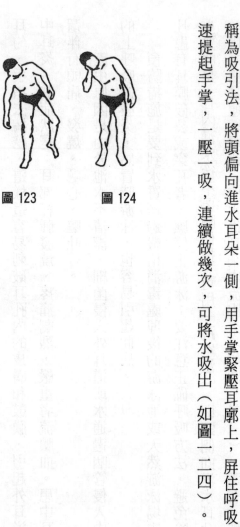

第六章　游泳場地設備及管理

我國是一個江河縱橫、水域廣闊的國家。在許多天然的江、河、湖、海水域中，都可以用來修建游泳場地，來開展游泳活動。游泳場地一般可分為天然游泳場、人工游泳場和游泳館等幾種。

第一節　天然游泳場地的選擇

利用天然水域開展游泳活動時，為了保證游泳者的安全與衛生要求，選擇場地時應考慮以下條件：

選擇江、河、湖灘等地修建游泳場地時，要注意水流不能過急，深度要適當，水底要求較平坦，無暗礁、樹根等障礙，場地應設在城市江河的上游，並在上游一定距離內不應有污水排口、垃圾堆或工業污染等影響水質。場地岸邊應有較平坦的河岸灘地或空曠地區，以備學習游泳動作及開展游泳活動的需要，或作為日光浴場使用。同時還可以供修建更衣室、廁所等用。

利用海灘作為游泳場地時，要選擇海灘廣闊、海底坡度較小的沙灘，在游泳範圍四周設置水深標誌，並拉起浮標和圍網，以防游泳者誤入深海域和可傷害人的魚類潛入，並應定期檢查安全設施。

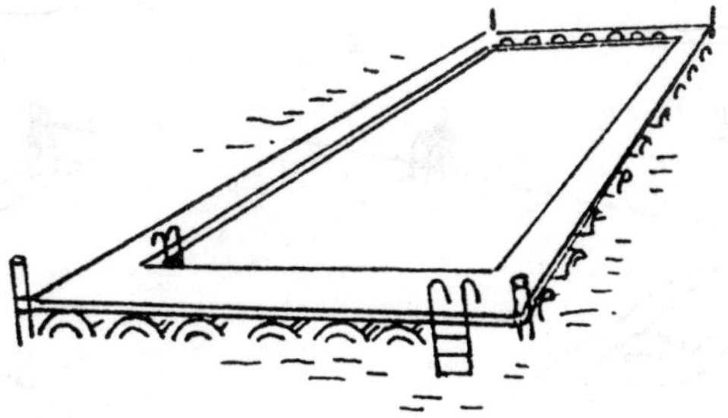

圖 125

一、簡易游泳場地的修建

修建此種游泳場地時，一般應選擇水位變化不大的湖泊、河道、水庫或海淺灘水域。修建時先在外圍作標記打木樁，用繩索把貫通的竹筒節或其他易浮物連成簡易水線，圍成一個可供活動的範圍，並設置水深標記（如圖一二五）。

二、浮動游泳池

在有條件的地區，為了進行教學和訓練，以及開展群眾性游泳活動，可修建半固定的游泳場地，如在河道、湖邊等地修建漂浮游泳池地（如圖一二六）。

這種場地的特點是不受水位變化影響，它用水的浮力支撐池岸架，池架可隨水位漲落自動調整升降。

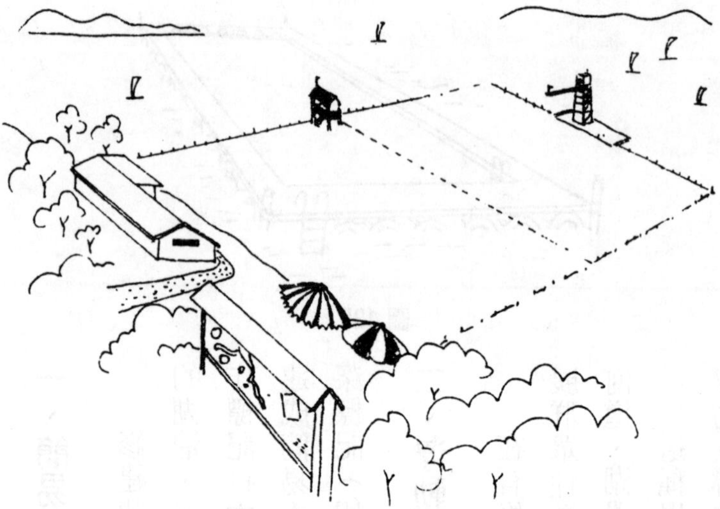

圖 126

修建時應選擇適宜方位打樁，連結框架保證可上下活動，框架下裝置易浮物，如油桶、車胎及其他漂浮物。池岸可用竹片或木板鋪面，供在岸上活動使用。池兩端內壁用較平整的木板裝飾，供練習轉身使用。整個池架用活動環套，固定在木樁上，或用錨鏈固定在池底。

浮動游泳池的大小可按標準池設計，也可根據使用要求設計。如在水位較穩定的水域，也可做成固定的框架游泳池，只需把池架固定在河底即可。

利用天然條件修建簡易游泳場地時，首先應考慮安全措施，如在較明顯的地帶設置標語牌，寫明注意事項。在深水區應設救生船，游泳者休息的浮動台和指揮用的瞭望台，台位應高出水面，保證指揮人員能觀察全場和便於救生人員執行工作。在指揮台側或明顯處應安放救生圈、竹竿、繩索、擴音器等用具。還應設置簡易的醫療站，要有專門人員負責和有必需的藥品和急救用器，如氧氣袋等。

第二節　人工游泳池的修建

人工游泳池分室內、室外兩類，根據需要可分為比賽、訓練、教學、群眾開放用池，有條件的地區，還可修建兒童池等。

當前修建的游泳池、館在結構和用料上種類很多，由最早期使用混凝土結構，進展到塑料板組裝臨時游泳池、金屬框架和活動外殼的室內外兩用池，以及幼兒游泳使用的橡膠充氣池等。

室外池的方向，其縱軸以南北為宜。室內池方向應考慮採光，並應有保溫、通風、水質處理設備。無論室內外均應設有過濾設備，以保水質衛生。

修建池體設計時應考慮當地水位標準及其變化幅度，池底至少要高出水位峰值五十公分，以保證向外自然排水和防止地下水倒灌。

在水位高的地區可修建地上池，此種設備池岸下面需大量填土，或用一定設備把池岸架空。地上池型易於保持池面清潔和向外排水。

水位低的地區可修建地下池，此種設備可擁有廣闊的池岸空地，便於容納觀眾和活動使用，但需大量取土，當周圍衛生條件欠佳時，遇風天池水面易被污染。

在水位適中的地區可修建半地上池，此種設施地上一半、地下一半，取土填土平衡，可節約資金。

第三節　游泳場地標準和設備

標準比賽池應長五十公尺，短池長為二十五公尺（誤差範圍為±〇·〇二公尺），寬二十一公尺或二十五公尺。

如屬舊建的游泳池，深端水深不得少於一・五〇公尺，淺端水深不少於一公尺，泳道寬不得少於二公尺。第一道和最後一道與兩側池壁至少應有〇・二〇公尺的距離。安裝出發台的池水至少應有一・二〇公尺深。

一、游泳池場地標記

游泳池內設八條或十條泳道，由九條分道線構成。每條泳道寬二・五〇公尺。第一、九分道線距池邊至少〇・五〇公尺或二・五〇公尺。

分道線必須拉至水池兩端。固定分道線的掛鈎應安裝在池壁內。分道線由直徑五~十五公分的單個浮標連接而成，每兩條泳道之間只允許有一條分道線。要求每條分道線距池端各五公尺處的全部浮標，顏色必須與其他不同。

各泳道中央的池底應有清晰的深色標誌線，線寬二十~三十公分，線長四十六公尺（短池線長二十一公尺），線兩端距池端各為二公尺。在泳道標誌線的兩端應各畫一條長一公尺與泳道標誌線同寬並與其垂直對稱的橫線。兩泳道標誌線的中心距離應為二・五〇公尺。

池端目標標誌線應畫在兩端池壁上，位於各泳道中間，寬為二十～三十公分，從池的上緣一直延伸到池底。在水面下三十公分處的池端目標標誌線中心上畫一橫線，橫線長五十公分，寬二十～三十公分。

二、游泳池場地技術要求

整個池壁必須垂直平行。兩端自水面上三十公分至水面下八十公分的池壁，必須結實、平整、防滑。池兩側壁應與水面齊平，並設有內溢或外溢設備，當水流溢出池岸時即流入排水溝，以保持水質清潔。

各泳道起點一端岸上中央設有出發台。其前緣高出水面五十～七十五公分。出發台的表面面積至少為五十公分見方。台面應由防滑材料覆蓋，其向前傾斜不超過十度。出發台前緣應與池壁在同一垂直面上。出發台前面設有距水面三十～六十公分的橫、豎握手器，橫握手器與水平面平行，豎握手器與水面垂直，兩握手器均作為仰泳出發時使用。

三、自動計時裝置

是重大比賽必須的計時工具。自動計時裝置能判定運動員到達終點的先後，並記錄運動員的成績。計取的成績應精確到百分之一秒。任何裝置不得影響運動員的起跳、轉身或溢水系統的功能。這種裝置應由發令員起動，裝置的電線盡可能不要露在池岸上，能夠分別顯示出各泳道的所有信息，提供易讀的運動員成績。自動計時裝置應包括以下設備：

⑴**終點觸板**：終點觸板最小應為二百四十公分×九十公分，最大厚度為一公分，能相應露出水面三十公分，浸入水中六十公分。各泳道的觸板應獨立安裝，以便單獨控制。觸板的表面必須顏色鮮明，並畫有規定的池端標誌線。

①安裝：終點觸板應安裝在泳道中心的固定位置上，觸板應輕便，以便容易拆卸。

②靈敏度：觸板的靈敏度應不受水浪波動的影響，只對運動員的輕微觸動產生作用。觸板的頂沿應是靈敏的。

③標誌線：觸板上的標誌線應與池壁的標誌線一致並重疊，觸板的周圍和邊緣應標有二．五公分的黑邊。

④安全性：觸板在產生電擊時應可靠保險，觸板的邊緣應平滑。

(2)起動裝置（出發音響）：

①供發令員發佈口令的話筒；

②如使用發令槍，必須帶有換能器；

③話筒和換能器應與各出發台的揚聲器相連，使運動員都能同時聽到發令員的口令和出發信號。

(3)自動計時裝置至少有下列主要附件：

①在比賽中能再現各種信息的打印機；

②精確到百分之一秒的接力出發判斷器；

③成績公佈板；

④自動計趟器；

⑤分段成績公佈板；

⑥總名次排列計算機；
⑦誤觸板糾正器；
⑧自動電器充電器；
⑨也可採用錄影系統。

(4)在重大比賽中還應具備錄影系統、控制中心等。

第四節　水質處理的方法

游泳池水源可用飲用水，也有用井水、泉水或河水的，除飲用水外都應經化驗處理後使用。

目前我國大部分游泳池、館，均設有循環過濾設備，特別是新建游泳池館。池水過濾是游泳池管理的日常工作，根據接納游泳的人數、天氣溫度及水的被污染程度，每日進行過濾，使池水不斷被處理後新水稀釋淨化。方法是：由池一端引出池水，通過過濾罐將水中的泥垢和雜質濾掉，然後再從池另一端將水放入游泳池。循環過濾是保持池水清潔的一種很好的方法。

無循環過濾設備的游泳池，一般都採用淨化處理來解決池水的消毒和清潔問題。無論有無過濾設備的游泳池、館，都應根據使用和水污染情況，每日向池內投放藥物來淨化水質。根據使用藥物的作用，可分為化學處理和物理處理兩種淨化法。

化學處理是每日向池內投放定量的氯（包括液氯和氣氯）或漂白粉溶液，多以液氯為主，用以殺死水中細菌、有機物和藻類，可防水被污染，同時投放定量的硫酸銅作為防藻劑使用，防止水色變色。一般每四噸水加硫酸銅〇．五～一千克。

物理處理是採用能使水中的懸浮物和膠體微粒凝聚成較大的顆粒而慢慢沉澱於池底，凝聚沉澱工作是在池水中加入明礬、工業用硫酸鋁等，然後用「吸污盤」沿池底移動，把池底的沈澱物排出池外。

為了提高水的PH值和加速懸浮物的凝結過程也可投放少量鹹液，使用量可根據需要而定。一般游泳池容量約二千立方公尺（噸），每日應加氯液五～

七千克，漂白粉需十三～十六千克。

每五～七日加混凝劑一次，如用硫酸鋁需四十～五十千克，如用明礬需六十～六十五千克，硫酸銅可適量。

一般游泳池多為平底結構，水中經處理形成的沉澱物往往不易排出，因此除過濾外，需要定期用排刷將積存物推至排水溝排出，然後補充新水，每次約十％～十五％。

沒有過濾設備的游泳池，根據氣溫和使用率，除每日投放一定藥物消毒外，需定期清洗池底。可用抽水機連接一個附有毛刷的吸盤，沿池底反覆拉動，刷落附著池底的沉澱污物，即時抽出排掉。

為了維持合格的水質標準，應有專門管理人員檢測各項水質指標，並應掌握科學的化驗方法和手段，及時自檢和維護處理，防止水被污染嚴重後而必須換水的情況發生。

根據國家衛生部規定，檢驗內容和方法如下：

(1)尿素含量檢查方法多用比色法，即用尿素與二乙酰—肟脲及安替比林反應配製原液呈現黃色比較，在〇．一～一．五kg／*ml*範圍內使用，測定時為了遇光退色要使用棕色試管加熱約五十分鐘，用標準曲線對照求出尿素含量。一般池水中尿素含量不得超過三．五毫克／升。

⑵渾濁度：用製好的標準液稀釋成不同的濃度盛入十支試管中，將水樣用同樣方法盛入瓶內搖勻後對比觀察同一目標，根據清晰度產生的視覺效果，得出渾濁度。

一般色度不應超過三十五，能見度以泳池水深二公尺時，從池邊能看見三條泳道標誌線為準。

⑶PH值：PH值是水中氫離子濃度倒數的對數值，應保持在六．五～八．五之間。一般用比色法測驗，即用標準液與水樣分別加入指示劑，在一定PH範圍內根據PH差顯示不同顏色。這種方法簡單，但靈敏度差，尤其是水樣混濁或帶有顏色時會影響測定。

現多用PH電位計法測定，即以玻璃和甘汞作為兩個電極，水在攝氏二十五度時，每差一個PH單位可產生五九．一毫伏電位差，並在儀器上讀出其值。

測時玻璃電極須用蒸餾水洗淨，甘汞應為氯化鉀的飽和溶液，保證一定量氯化鉀晶體。

(4)大腸菌群：係指每升水中所含大腸菌群數。由於它存在於糞便中，故可作為水體被糞便污染的指標。一般菌群不得超過十八個／升。

測驗時採用發酵法，需有專門人員進行。需培養三次後，以其發酵乳糖產酸產氣的特性進行檢驗，有酸或氣產生時即證明大腸菌存在。根據陽性試管數查出每升水中大腸菌群數。

濾膜法即將水樣注入已滅菌的裝有微孔薄膜的濾器中，經抽濾菌截留在膜上，然後將濾膜貼於品紅亞硫酸鈉培基上培養，再經革蘭氏染色鏡檢，計數鑒定膜上生長菌落，得出每升水含量。

(5)細菌總數：指一毫升水樣在營養瓊脂培養基中，在攝氏三十七度的恒溫下經二十四小時培養生長的細菌總數。檢查亦需專門培養進行。

(6)餘氯：指水體經加氯消毒後餘留的氯。測驗方法多用比色計進行，這種方法簡單易於掌握，效果也好。一般餘氯應掌握在○．三～○．六毫克／升之間，最大不能超過〇．八毫克／升。

以上指標中如尿素，PH值和菌數含量檢驗過程較為複雜，需在實驗室條件下培養化驗，故要經衛生防疫部門進行。對游泳場館的管理人員來說，應該學會弄懂，但由於設備的關係，在一般條件下經常性工作多限於對渾濁度和餘氯的檢驗和維持。

第五節　游泳輔助練習器材

游泳輔助練習器材，是游泳教學和訓練不可缺少的輔助手段。只要運用得當，對加快學習、掌握游泳技能、鞏固和提高游泳技術，特別對發展和加強游泳專項力量素質起著重要的作用。

1. **打水板**　供練習腿部動作用，同時也可以增加上體浮力，也可夾在大腿之間供練習划臂動作用。規格可根據使用目的和對象而定，一般為寬三十～四十公分，長五十～六十公分，厚為三～五公分。板前端的形狀可根據練習者的

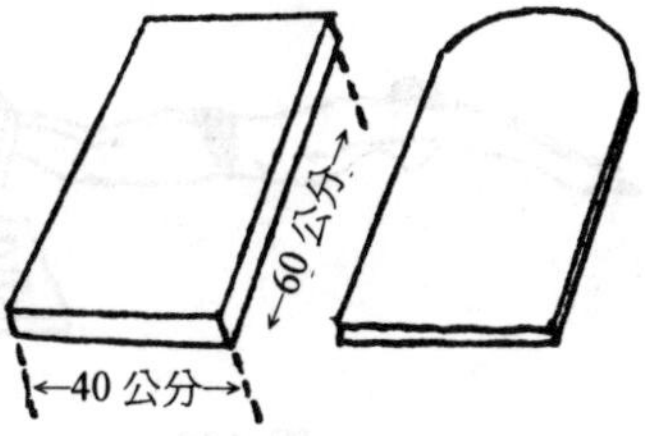

圖 127

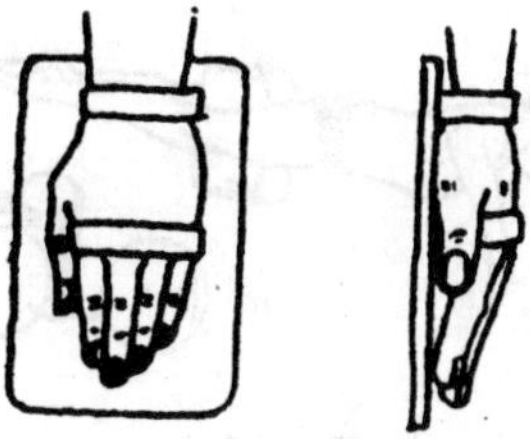

圖 128

要求而定，如需要增加阻力，可用長方形的浮板，一般練習以選用半月形狀的為好（如圖一二七）。可用泡沫硬塑板、海綿板或空心塑料盒式板等浮力較好的原料製造，以體積輕、不吸水為宜。

2. 划水板　附於手掌面，划水時可增大手掌的擋水面積，加大划水負荷。划水板可用塑料板製成，加上固定用的膠帶（如圖一二八），其大小可根據不同年齡和負重要求來確定。

3. 浮球、浮枕及自行車內胎等可浮用品　主要用來增大浮力，供划臂練習用。使用者可根據條件選擇不同規格和浮力的用具。如使用浮枕時（如圖一二九），可夾於兩大腿之間或兩腳之間，使下肢浮起。初學者為了深水練習，可將浮球置於腰兩側。使用時可選用浮力較大的球，可增加阻水的作用。

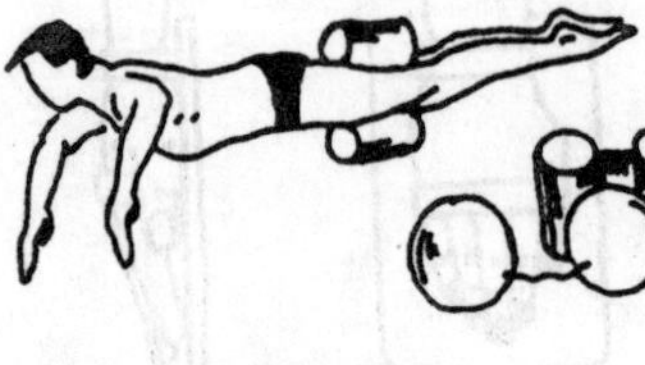

圖 129

圖 130

4.腳擋水板 套於兩腳踝部，目的在於加大臂划水時的負荷量和增加下肢浮力（如圖一三〇）。可用橡膠或軟塑製作。

5.腳蹼 用以加大腳的打水負荷，有助於發展踝關節的靈活性（如圖一三一）。

6.阻力衣、褲和腰帶 供加強臂、腿力量訓練用。可在游泳衣、褲上附著朝前開口的口袋，當游進時袋口張開，充滿水後起阻力作用，增加游動的負荷（如圖一三二）。

7.牽引器 讓運動員在水中進行牽引，使其游進時加大負重。根據不同的對象，重量可以按需要進行調節。引線的一端應與腰帶固定於腰間，引線的另一頭可以鈎在出發台的扶手器上或鈎在水線鈞上。當運動員向前游進時，應保持身體正確姿勢。使用該牽引器，可以提高運動員的水中專項力量素質。可用橡膠皮條製作（如圖一三三）。

圖 131

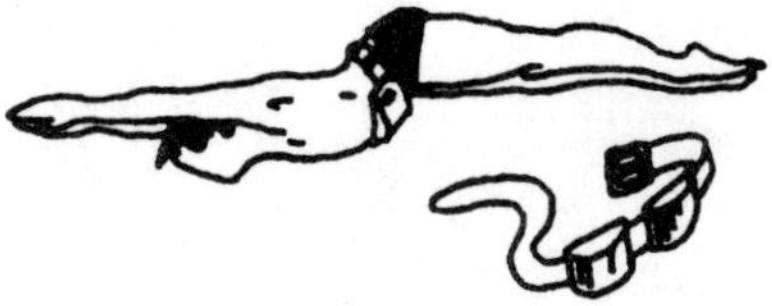

圖 132

圖 133

以上介紹的是水中練習輔助器械，當然還有陸上練習輔助器械，如陸上練習可使用輕器械練習用具、橡膠皮條拉力，利用自身重量的拉力、砝碼式拉力器、等動拉力、多用聯合力量練習器械等。

無論哪種輔助器材，都是輔助於游泳教學和訓練的，只要運用得當，對加快游泳學習速度和提高游泳運動成績都會有很大幫助。但在使用時，一定要因人因材而區別對待，才能取得更好的效果。

第七章　怎樣組織比賽

游泳比賽，是開展游泳活動的一個重要內容。通過比賽能交流經驗、互相學習、增進友誼，更好地推動全民健身計劃的實施，同時還可以促進游泳技術水平的不斷提高。

第一節　游泳比賽的準備工作

一、組織委員會

根據運動會的性質、規模、時間、地點等實際情況，需成立必要的組織機構。在比賽前要成立組織委員會，其成員由舉辦單位及有關方面的負責人擔任。組織委員會下設辦公室及仲裁委員會，根據委員會的有關決定，負責具體的領導工作。辦公室下設宣傳組、競賽組、場地器材組、保衛組、行政組。規模小的比賽可適當精減機構，但各組工作一定要有專人負責或兼管。

二、制定比賽規程

比賽規程是由主辦單位根據舉辦比賽的目的、任務及當地的具體條件而制定的。競賽規程要寫得具體、明確，並應及早發給各有關單位，以便各單位做好準備工作。

三、編排競賽日程

競賽日程的編排是一項重要、細緻的工作，編排是否合理，對大會能否順利進行和運動成績能否提高有直接的關係。

比賽所需時間的預計應考慮場地條件，並根據參加單位預計每項參加人數和每組比賽需要的時間，包括運動員游完該項距離的時間和裁判員工作時間。例如，全國性比賽一般一百公尺每組需三～四分鐘，二百公尺每組需五～六分鐘，四百公尺每組需八～九分鐘，八百公尺每組需十三～十四分鐘，一千五百公尺每組需二十一～二十三分鐘。同時，還應考慮開幕式、閉幕式及決賽後的發獎時間。要根據規程規定的比賽天數計算出所需多少場，以及每場需用的平均時間等。

1. 編排原則

(1) 一般一天安排兩場比賽，上午安排一場，下午或晚上安排一場。每場比

男子組	100公尺蛙泳	預賽
32人	4組	16分鐘

賽中各種姿勢和男女項目應交錯安排。

(2)盡量不要把可能有運動員兼項的項目編排在同一場。例如，一百公尺和二百公尺蛙泳比賽不要安排在同一場。

(3)同項預、決賽不要排在同一場，也不宜隔太遠，長距離項目要兼顧安排。

(4)上午場次安排預賽項目，下午或晚上場次主要安排決賽和少量的預賽。一場中同時有預賽和決賽時，應先安排決賽，後安排預賽。

2.編排方法

(1)製作長二～二．五寸、寬〇．五～一寸的編排秩序卡片，男子、女子或青少年用不同顏色區別開，上面寫明組別、性別、項目、賽別、估計人數、組數及所需時間（見上表），每一項目預、決賽各寫一張。

(2)編排秩序卡片寫好後，根據編排原則和計算出來的場次、每場所需的平均時間進行編排。

(3)按照編排好的日期、場次、組別、項目、賽別、順序制定出競賽日程。基層比賽也可以先報名後編排競賽日程。

近年來，由於電腦的發展速度很快，比賽的編排工作完全可以採用電腦系統，使編排記錄工作既快又準確。

第二節　游泳裁判工作介紹

游泳裁判工作是游泳競賽工作的主要組成部分。裁判工作不僅直接影響競賽工作的成果，而且對普及和提高游泳運動水平也具有一定的意義。因此，裁判員要精通游泳規則和裁判法，在工作中，作風正派，不徇私情，堅持原則。執行任務時，要精神飽滿，服裝整潔，儀表大方，使裁判工作做到嚴肅、認真、公正、準確。

裁判員人數包括：

總裁判一至三人；技術檢查員四人；發令員二至三人；轉身檢查長二人，轉身檢查員每條泳道兩端各一人；計時長二人，計時員每條泳道三人（其中一人由轉身檢查員兼任）；終點裁判長一至二人，終點裁判員六至九人；編排記錄長一至二人；編排記錄員八至十二人；檢查長一至二人，檢錄員三至五人；報告員一至三人；司線員二人。

如使用自動計時裝置時，應增設自動計時長一人，自動計時員一人。

基層比賽的裁判員人數可根據比賽的具體條件安排。

一、總裁判職責和工作方法簡介

1. 職　責

總裁判在大會領導下全面領導和分配全體裁判員的工作。總裁判可隨時干預比賽，以保證規則和規程得以執行。有權判決有關比賽進行時的各種異議，當裁判員的判定不能取得一致意見時，可作最後決定。根據本人的觀察或其他裁判員的報告，有權取消犯規運動員的比賽資格或錄取資格。各項、組的比賽

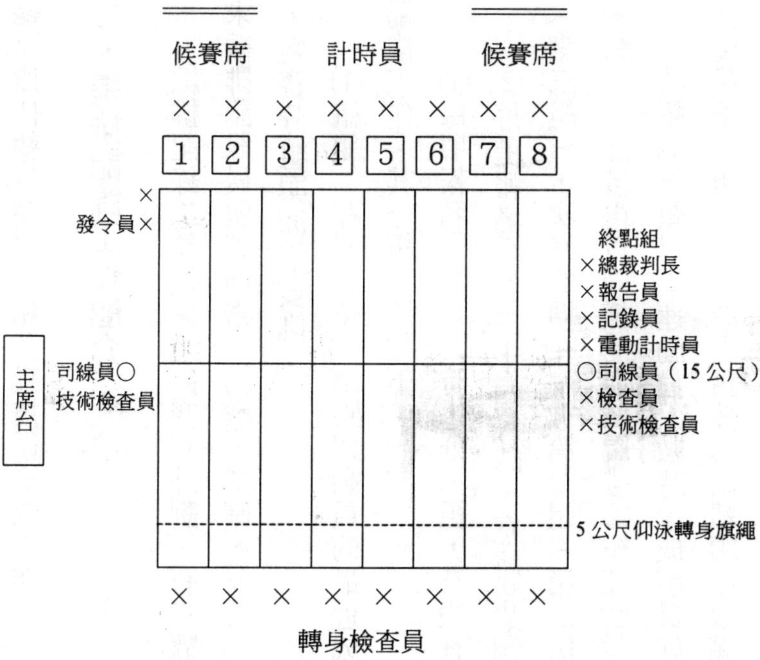

成績須經總裁判簽名，再交報告員和記錄員公佈。

2.工作方法

每場賽前十分鐘集合全體裁判員，賽前五分鐘帶領裁判員入場。裁判員按部就位（見上表）。每項、組比賽由總裁判給發令員信號，發令員得到信號後，組織該項、組的出發。

比賽中總裁判應觀察全場比賽情況，及時處理、解決比賽中出現的問題。副總裁判協助總裁判領導裁判工作。副總裁判和技術檢查員可與總裁判輪流擔任執行總裁判和負責技術檢查工作。

二、編排記錄工作簡介

編排記錄工作是保證比賽有計劃、有步驟地順利進行的重要環節。因此要求編排記錄員做到周密、細緻、準確、及時，頭腦冷靜，認真負責。

1. 競賽分組與泳道安排

(1)編組：在報名時，應將運動員的最近成績填寫在報名單上，以利於競賽編排工作。其分組方法如下：

①每項報名少於八人時，分一組，為決賽。

②每項報名少於二十四人時，應將報名成績最好的運動員編在最後一組（第三組），次好的編在倒數第二組（第二組），其他的編在倒數第三組（第一組），然後再以同樣的方法編排每組運動員，把所有的運動員編排完畢。

③超過三組以上運動員人數時，成績最好的二十四名運動員按上款②的辦法編最後三組，所剩運動員按其成績順序編滿倒數第四組，如還剩有運動員再

編滿倒數第五組，以此類推。

④兩組或兩組以上的任何預賽，組內至少應有三個運動員或三個接力隊。編組時不得將不同項目、不同距離和不同性別的運動員混合編組。

⑤決賽和爭分賽分組：按預賽後成績的優、次順序，前八名為決賽，九～十六名為爭分賽。

(2)**泳道安排**：在沒有八條泳道的游泳池比賽時，同一組成績最好的運動員或接力隊，應按排在第四泳道上，其他運動員或接力隊按成績的優、次以5、3、6、2、7、1、8泳道的順序進行安排。

(3)**全部項目分組和泳道安排好以後**，按競賽日程表整理各項、組卡片，反覆核對製成競賽分組表。整理好的各項卡片由專人保管，賽前交檢錄長。

(4)**編排秩序冊**：秩序冊是提供大會全面情況的基本文件。其內容可根據競賽規模大小而定。小型比賽可只編製競賽分組表。

(5)**繪製各種競賽表格**：包括各裁判組使用的表格、成績公布表、前六名成績記錄表、團體總分記錄表等。

2.現場記錄工作

現場記錄應根據需要進行明確分工。以下工作應由專人負責：寫成績公布表；核對成績和編排決賽、爭分賽的分組及泳道安排，同時審核是否有重賽；刻寫或打印決賽、爭分賽名單和該場成績公報，統計前六名成績和破記錄情況，累計團體總分及公布各項成績等。

比賽全部結束後由編排記錄組編排、印製成績冊，及時發給有關單位。

三、檢錄工作簡介

檢錄工作是保證比賽按計劃進行的重要環節，要求檢錄員態度誠懇熱情、和藹可親，工作認真細緻、積極主動、有條不紊。

賽前明確分工，統一布置檢錄處，賽前核對運動員比賽卡片。

檢錄員在每項比賽前十~十五分鐘進行第一次點名，同時檢查運動員服裝是否符合規則規定（運動員必須穿不透明的游泳衣、褲參加比賽，女游泳衣必須是完整的，不能是兩截的），並簡單提出一些要求。

每項比賽前三～四分鐘進行第二次點名，並請運動員按道次順序坐好。在上一組運動員到達終點後，報告員開始宣告前一組成績時，將準備參賽的運動員帶入場內，按各泳道坐好。同時將卡片交副計時長，如有申請破分段成績記錄的，應口頭向副計時長說明。

在全組運動員全部抵達終點後，督促運動員起水、退場。

發獎時，負責點名及引導工作。

四、發　令

發令員應具有較高的觀察能力和判斷能力，在工作中要求果斷、準確。發令員有權管理由總裁判發出信號後至比賽開始的運動員。

發令員應站在游泳池的側面，離出發池端五公尺以內處發令。要求能全面觀察到八條泳道的運動員。

發令員右手舉槍，左手拿哨靠近嘴下，發出「各就位」口令。此時發令員應全神貫注，注意全部運動員的動作，當所有運動員處於穩定靜止時，立即發出「出發信號」。

如發現運動員搶碼時，應用短促、連續、響亮的哨聲，及時召回運動員。第一次出發搶碼犯規，發令員應召回運動員並組織重新出發。第二次出發搶碼犯規以後，無論哪個運動員搶碼犯規（不論該運動員是第幾次犯規），均應取消比賽資格或錄取資格。

五、計時方法

人工計時、自動裝置計時與半自動裝置計時，均被承認為正式的計時方法。

1.人工計時

計時長一人，副計時長一～二人，負責領導計時組工作。每條泳道設一個計時小組，由三名計時員組成。計時小組除共同計取運動員的成績外，其位置分工如下：二表計時員位於中間，面對本泳道出發台。除計成績外，核對一表計時員所報分段成績是否正確，負責小組記錄和統計工作。一表計時員坐在二表的右側，負責小組全面工作。賽前領取比賽應用器材，賽中計取成績和兼看犯規情況。在檢查、校對成績卡片記錄無誤後，將成績卡片親自交計時長。三表計時員坐在二表的左側。除計取成績外，其還要擔負終點一端檢查員責任，負責出發一端的轉身、接力出發和終點犯規檢查及向長距離運動員發出還剩最後一〇·五公尺（短池五·五公尺）信號。

(1)開表的正確姿勢：右手持表靠近身體右側腰部，聽到「各就位」口令後，將拇指第一關節按在開表鈕上，聽到槍聲立即開表。嚴禁手臂在開表時做上下或左右搖動動作。開表後馬上坐下，並查看秒表走動情況，如有情況立即報告計時長處理。

(2)停表的正確姿勢：兩腳前後開立，右手將表靠在右側腰部，上體稍前傾，找好池壁垂直面，拇指第一關節處按在停表鈕上。運動員觸及池壁立即停表。停表後三人立即返回坐下，認真查看自己的秒表，確定該運動員的正式成績。如有兩個以上的計時表所計的成績相同時，此成績為正式成績；如三個計時表所計的成績都不相同，應以中間的成績作為正式成績；如只有兩個計時表，而所計的成績不相同時，應以較差的成績作為正式成績。

這些工作完成後，由小組長將成績卡片交計時長，計時員要得到回表的信號後方可回表。

(3)計時長應坐在第四泳道三表計時員左側，副計時長坐在第五泳道一表計時員的右側。計時長在收取成績卡片時，應按卡片上的正式成績排列順序，然後再與終點長核對，如發現成績與名次不符，應以總裁判判定為準。

(4)人工計時表每小時誤差不得超過±〇・三秒。每條泳道至少配備能計取分段成績的計時表一至二個。

2.自動裝置計時

使用自動計時裝置時，如果沒有大會設置的錄像設備，須按規則規定配備同樣數量的計時和終點裁判員進行工作。應將人工計時、終點的成績、名次均登記下來，判定時首先採用自動計時裝置的記錄。

賽前由總裁判派專人負責檢查自動計時裝置，保證符合規則中的有關規定，使其準確可用。

自動計時裝置的主機應設在終點池端的側面，距池端三～五公尺處，在能直接觀察運動員比賽的位置上。

每組比賽前，自動計時員應根據比賽項目、距離和參加運動員人數，調整主機有關裝置，自動計時長應監督和提示，防止出現失誤。

比賽中自動計時長和自動計時員應密切注視自動計時裝置工作情況，以及運動員到達終點情況。發現自動計時裝置失錄、失誤時，自動計時長應馬上報告總裁判，並應根據規則的有關規定進行處理，然後交總裁判審查。

每組比賽後，自動計時員應將自動計時裝置打印出來的全部運動員成績名次單，交自動計時長，經審查無誤後，將這一成績名次單貼在事先準備好的註明項目、組別的表格上，交總裁判審查。

如有運動員犯規，經總裁判判定後將運動員名次去掉；如有運動員破記錄，總裁判要註明破記錄並簽名。最後由總裁判將成績單交報告員宣佈成績。

六、終點裁判方法

終點裁判是一項正確判斷比賽名次的主要工作。要求終點裁判注意力高度集中，反應迅速，判斷準確。

終點裁判員應坐在梯形的終點台上，終點台的一側應靠在終點線的延長線上，台前沿離池邊二公尺左右。終點員根據各自不同分工，分坐在梯形台上。副終點長坐在台偏下位置，便於終點長聯繫。終點長位置設在台的靠近終點延長線上的一側，便於與計時長核對名次。

終點裁判方法，分跟隨觀察法和傳統觀察法。目前國內重大比賽中採用的是跟隨觀察法。其特點是以固定泳道為主進行分工，觀察難度小，判斷效果好，裁判人數少。

此辦法設A、B、C、D、E、F崗終點裁判員和正、副終點裁判長共八人，其分工為：

A崗負責判斷一～四泳道運動員抵達終點時的名次順序，即稱為基礎名次，是終點裁判長綜合名次的依據。

B崗負責判斷五～八泳道運動員抵達終點時的名次順序，即稱為核對名次，是終點裁判長綜合名次時校對標準。

終點名次報告表

男/女子　　公尺　　泳　　賽　　第　組

名次	第1名	第2名	第3名	第4名	第5名	第6名	第7名	第8名
道次								

C崗負責判斷第五泳道和其後的一～四泳道中最先跟隨第五泳道抵達終點者，簡寫為5X。

D崗負責判斷第六泳道和其後的一～四泳道中最先跟隨第六泳道抵達終點者，簡寫為6X。

E崗負責判斷第七泳道和其後的一～四泳道中最先跟隨第七泳道抵達終點者，簡寫為7X。

F崗負責判斷第八泳道和其後的一～四泳道中最先跟隨第八泳道抵達終點者，簡寫為8X。

終點裁判長負責全面觀察運動員抵達終點情況，綜合各崗終點裁判員的判斷，確定終點組最後比賽名次，然後填寫「終點名次報告表」，與計時長核對最終名次。

副終點裁判長協助終點裁判長搞好其他工作，主要負責觀察運動員抵達終點時比較相近的名次，供終點長綜合名次時核對和補充之用。

對判斷難度較大且複雜的崗位，如A、C、F崗，可適當增加人數。

七、檢　查

檢查工作是檢查運動員在全部游程中的泳式、技術動作和轉身動作是否符合規則。檢查工作必須做到全神貫注，判斷準確。

檢查組由四名技術檢查員和二名轉身檢查長及十六名轉身檢查員組成。基層比賽可根據規模大小有所增減。

1.技術檢查員的工作方法

在每項每組開始比賽前，當執行總裁判發出長哨音時，技術檢查員應迅速起立並前往距運動員出發一端五至八公尺處，準備開始工作。在比賽進行中，技術檢查員必須按分工認真巡視運動員技術動作是否符合規定，只有待運動員到達終點後，方可回原位就座（自由泳比賽時，可在原位就座觀察）。

2.轉身檢查員的工作方法

在每項每組開始比賽前，當執行總裁判發出長哨音時，終點一端的轉身檢查員應起立，在發出信號開表後應訊速站到出發台一側，觀察運動員出發後的第一次手臂動作是否符合規則，然後回原位就座（自由泳比賽在開表後坐下）。當運動員距離池端還有十至十五公尺時，終點或轉身一端的轉身檢查員應起立並及時到本泳道出發台一側，觀察運動員有無轉身、接力、終點的犯規動作。在長距離比賽中，轉身一端的轉身檢查員應負責報趟工作，終點一端的轉身檢查員負責向運動員發出還剩最後一〇・五公尺（短池為五・五公尺）的信號。如發現有運動員犯規，應及時向裁判長舉手示意，並快速、準確地簡要填寫「游泳檢查表」。

八、其他工作簡介

司線員工的工作是根據總裁判、發令員的召回信號，負責召回運動員。此時，司線員應及時放下召回線，將運動員召回。

報告工作是競賽大會的喉舌。報告員在總裁判的領導下，將比賽項目、運動員姓名和單位、比賽進行的情況和比賽成績，準確、及時地公諸於眾。比賽前十五分鐘，應廣播通知做準備活動的運動員起水，離開比賽場地。

裁判隊伍應在每場比賽前十分鐘整理好，比賽前五分鐘進入比賽場，按總裁判的手勢統一坐下。

這時檢錄員將第一組卡片交副計時長，之後帶領運動員入場分泳道就座，隨後報告員介紹運動員泳道、姓名、單位等情況。

當每組運動員全部到達終點後，如係人工計時，計時長收集卡片到終點組與終點裁判長核對名次，最後交編排記錄長；如係自動計時，以上程序照常進行，自動計時裝置操作人員將成績報告單交自動計時長處理。檢查組如發現有犯規情況，檢查長到總裁判處報告、處理。

總裁判審核成績後，即交報告員，報告員廣播後，將成績卡片交記錄組。檢錄員在聽到報告成績時，將下一組運動員帶上就座，繼續比賽。

第三節　各項泳式的比賽規定

各種泳式比賽，必須按規則規定進行，否則將判為犯規，取消錄取資格。

自由泳比賽中，可採用任何泳式，轉身和到達終點時可用身體任何部分觸池壁。

仰泳運動員面對出發端，齊排於水中，兩手抓住握手器，兩腳應處於水面下，禁止站在水槽內或水槽上或用腳趾勾住水槽邊。出發和轉身後，運動員應蹬離池壁，並在整個游進過程中呈仰臥姿勢。除做轉身動作外，運動員必須始終仰臥。仰臥姿勢允許身體做轉動動作，但不得轉至與水平面成九十度，頭部位置不受此限。在整個游進過程中，允許運動員完全潛入水中。在出發和每次轉身後，運動員潛泳距離不得超過十五公尺。在十五公尺前運動員的頭必須露出水面。在轉身過程中，運動員肩轉動超過垂直面後，可進行一次單臂划水或雙臂同時划水動作，然後開始滾翻，一旦改變仰臥姿勢，就不允許做與轉身無關的打水或划水動作。運動員必須呈仰臥姿勢蹬離池壁。轉身時運動員身體的某部分必須觸壁。運動員到達終點時，必須以仰臥姿勢觸壁。

蛙泳比賽中，出發和每次轉身後，從第一次手臂動作開始，身體應保持俯臥姿勢，兩肩應與水面平行。兩臂和兩腿的所有動作都應同時在同一水面上進行，不得有交替動作。兩手應一起在水面、水下或水上由胸前伸出，並在水面或水下向後划水。除最後一個動作外，在手臂的完整動作過程中，兩肘不得露出水面。除出發和每次轉身後的第一次划水動作外，兩手向後划水不得超過臀線。在蹬腿過程中，兩腳必須做外翻動作，不允許做剪夾、振顫式或向下的海豚式打水動作。只要不做向下的海豚式打水動作，允許兩腳露出水面。

在每次轉身和到達終點時，兩手應在水面、水上或水下同時觸壁，觸壁前兩肩應與水面平行。在觸壁前的最後一個向後划水動作結束後，頭可以潛入水中，但在觸壁前的一個完整或不完整的配合動作中，頭應部分露出水面。在每個以一次划臂和一次蹬腿順序完成的完整動作周期內，運動員頭的某一部分應露出水面。只有在出發和每次轉身後，運動員可在全身沒入水中時，做一次手臂充分的向後划至腿部的動作和一次蹬腿動作，但在第二次划臂至最寬點前和兩手向內划水前，頭必須露出水面。

蝶泳比賽中，除做轉身動作時，身體必須始終俯臥。從出發和每次轉身後的第一次手臂動作開始，至下一個轉身或到達終點止，兩肩應與水面平行。任何時候都不允許轉呈仰臥姿勢。兩臂必須在水面上同時向前擺動，並同時向後划水。兩腳的動作必須同時進行，允許兩腿和兩腳在垂直面上同時做上下打水動作。兩腿或兩腳可不在同一水面上，但不允許有交替動作。

在每次轉身和到達終點時，兩手應在水面、水上或水下同時觸壁，觸壁前兩肩應與水面平行。在出發和每次轉身後，允許運動員在水下做一次或多次打水動作和一次划水動作，這次划水動作必須使身體升到水面。

個人混合泳的比賽順序是：蝶泳、仰泳、蛙泳、自由泳(仰泳、蛙泳、蝶泳以外的任何泳式）。

混合泳接力的比賽順序是：仰泳、蛙泳、蝶泳、自由泳(仰泳、蛙泳、蝶泳以外的任何泳式）。

第四節　游泳比賽的犯規

游泳比賽不同於其他項目的比賽，它是在特定的環境中進行的。
比賽時運動員必須在自己的泳道內直至比賽完畢，否則即算犯規。
游出本泳道或用其他方式干擾、阻礙其他運動員應取消其錄取資格。
由於某運動員犯規而影響了被干擾、阻礙的運動員獲得優良成績時，則應准許被干擾、阻礙的運動員補測成績或直接參加決賽。如在決賽中發生上述情況，應令該組重新決賽。

比賽中，運動員轉身時必須使身體某一部分觸及池壁。轉身必須從池壁完成，不得在池底跨越或行走，否則即算犯規。

在自由泳比賽中，可在池底站立，但不得跨越或行走，否則即算犯規。

在比賽中，運動員不得使用或穿戴任何有利於其速度、浮力的器具，否則即算犯規。在比賽中不允許陪游、帶游，不允許採用速度誘導作用的辦法，否則即算犯規。

每一個接力隊應有四名隊員，接力比賽中任一名隊員犯規即算該隊犯規。任何接力隊員在一次接力比賽中只能參加一棒比賽。

接力比賽時，如本隊的前一名運動員尚未觸及池壁，而後一名運動員即離台出發，應算犯規。如該運動員重新返回並以身體任何部分觸及池壁再行游出時，不作犯規論。

運動員到達終點後或接力比賽每一棒運動員游完後，應在不影響其他運動員比賽的情況下盡快離池，否則即判犯規。

在比賽進行過程中，未參加比賽的運動員如果下水，將取消其原定的下一次的比賽資格。

第五節　游泳比賽的戰術

游泳比賽和田徑賽一樣都是單人項目，比賽戰術雖不像球類等項目那樣複雜、多變，但在比賽時，由於參加項目的編排、預賽和決賽的時間、個人的體力和對手的特點等情況，也存在著比賽前的戰術安排及比賽時的戰術變化。

游泳比賽的戰術原則是：知己知彼，揚長避短，掌握主動。游泳比賽的戰術一般可分為心理戰術和游程體力分配、出發、轉身等戰術。這些戰術運用是否合理，能否達到預期的效果，關鍵在於運動員是否熟練掌握了先進的戰術。

1.心理戰術

運動員的訓練水平能否正常發揮，取決於選手們臨場比賽時能否保持良好的競技狀態。賽前應排除雜念，保持冷靜的頭腦，對比賽取得好成績應該充滿信心，全隊上下之間應相互鼓勵。在比賽前的練習中，可搞一些模擬測驗和比賽。所預定的成績可稍高於原來的最高水平，使選手們了解自己的實力情況，增強對比賽的信心。

2.游程體力分配戰術

比賽中應合理分配體力，前程應做到拉大動作幅度，注意節奏，速度以中上為好，不應以最快速度游，這樣既能保持前程速度，又可節省能量，並能獲得最後衝刺的優勢。

3.出發戰術

適宜的起跳時間可以爭得〇・一～〇・三秒的時間。平時練習中，應將出發技術作為專門的主要練習內容來安排。同時還應在比賽前了解和熟悉裁判發令到槍響的時間，以適應比賽需要，爭取好成績。

4. 轉身戰術

轉身戰術表現為三個方面：首先是游近池壁不應減速，甚至還應加速，手觸池壁的時間正是臂划水前伸的時候；其二是旋轉的速度要快；其三是蹬壁有力，流線型好。運用這種戰術時，關鍵在於完成游程到池邊的最後一個動作。轉身後的滑行應身體盡量保持水平，滑行時距水面不要太深，以免影響上浮出水時間。

5. 接力比賽的戰術

在游泳比賽的三十二個項目中，接力比賽占六個項目。接力比賽代表了全隊的整體水平。有些比賽規定，接力項目取得前六名，分數比單項比賽前六名加倍，如單項比賽第一名得七分，接力項目則得十四分。因此，各隊均較重視接力項目的比賽。

在接力比賽中，一般是成績最好的選手放在第一棒，成績第二好的選手放在第四棒。第一棒若取得較好成績，可以鼓舞全隊的士氣，這是常規的排列方法。當了解對手情況後，也可以改變排列方法。

接力比賽中前一棒選手的觸壁和下一棒選手的起跳時間能否銜接好，是很關鍵的環節，一旦失誤，將會被取消錄取資格。最好的銜接時間是在池中游進的運動員手觸池壁的一瞬間，出發台上的選手腳蹬離出發台。配合默契地運用起跳出發戰術，可贏得時間，彌補速度之差。

因此，掌握起跳時間，水上水下相互配合，這種戰術須在練習中反覆運用，來提高選手們的靈敏度和反應能力。

戰術的運用可根據不同的比賽靈活採用，還可在比賽中，根據自己的特長和對方的實際情況，採取不同的對策。

大展出版社有限公司　圖書目錄

地址：台北市北投區11204
致遠一路二段12巷1號
電話：(02) 8236031
8236033
郵撥：0166955～1
傳眞：(02) 8272069

• 法律專欄連載 • 電腦編號 58

台大法學院 法律學系／策劃
法律服務社／編著

①別讓您的權利睡著了1		200元
②別讓您的權利睡著了2		200元

• 秘傳占卜系列 • 電腦編號 14

①手相術	淺野八郎著	150元
②人相術	淺野八郎著	150元
③西洋占星術	淺野八郎著	150元
④中國神奇占卜	淺野八郎著	150元
⑤夢判斷	淺野八郎著	150元
⑥前世、來世占卜	淺野八郎著	150元
⑦法國式血型學	淺野八郎著	150元
⑧靈感、符咒學	淺野八郎著	150元
⑨紙牌占卜學	淺野八郎著	150元
⑩ＥＳＰ超能力占卜	淺野八郎著	150元
⑪猶太數的秘術	淺野八郎著	150元
⑫新心理測驗	淺野八郎著	160元
⑬塔羅牌預言秘法	淺野八郎著	200元

• 趣味心理講座 • 電腦編號 15

①性格測驗１	探索男與女	淺野八郎著	140元
②性格測驗２	透視人心奧秘	淺野八郎著	140元
③性格測驗３	發現陌生的自己	淺野八郎著	140元
④性格測驗４	發現你的真面目	淺野八郎著	140元
⑤性格測驗５	讓你們吃驚	淺野八郎著	140元
⑥性格測驗６	洞穿心理盲點	淺野八郎著	140元
⑦性格測驗７	探索對方心理	淺野八郎著	140元
⑧性格測驗８	由吃認識自己	淺野八郎著	160元

⑨性格測驗9　戀愛知多少		淺野八郎著	160元
⑩性格測驗10　由裝扮瞭解人心		淺野八郎著	160元
⑪性格測驗11　敲開內心玄機		淺野八郎著	140元
⑫性格測驗12　透視你的未來		淺野八郎著	160元
⑬血型與你的一生		淺野八郎著	160元
⑭趣味推理遊戲		淺野八郎著	160元
⑮行爲語言解析		淺野八郎著	160元

・婦 幼 天 地・電腦編號 16

①八萬人減肥成果	黃靜香譯	180元
②三分鐘減肥體操	楊鴻儒譯	150元
③窈窕淑女美髮秘訣	柯素娥譯	130元
④使妳更迷人	成　玉譯	130元
⑤女性的更年期	官舒妍編譯	160元
⑥胎內育兒法	李玉瓊編譯	150元
⑦早產兒袋鼠式護理	唐岱蘭譯	200元
⑧初次懷孕與生產	婦幼天地編譯組	180元
⑨初次育兒12個月	婦幼天地編譯組	180元
⑩斷乳食與幼兒食	婦幼天地編譯組	180元
⑪培養幼兒能力與性向	婦幼天地編譯組	180元
⑫培養幼兒創造力的玩具與遊戲	婦幼天地編譯組	180元
⑬幼兒的症狀與疾病	婦幼天地編譯組	180元
⑭腿部苗條健美法	婦幼天地編譯組	180元
⑮女性腰痛別忽視	婦幼天地編譯組	150元
⑯舒展身心體操術	李玉瓊編譯	130元
⑰三分鐘臉部體操	趙薇妮著	160元
⑱生動的笑容表情術	趙薇妮著	160元
⑲心曠神怡減肥法	川津祐介著	130元
⑳內衣使妳更美麗	陳玄茹譯	130元
㉑瑜伽美姿美容	黃靜香編著	180元
㉒高雅女性裝扮學	陳珮玲譯	180元
㉓蠶糞肌膚美顏法	坂梨秀子著	160元
㉔認識妳的身體	李玉瓊譯	160元
㉕產後恢復苗條體態	居理安・芙萊喬著	200元
㉖正確護髮美容法	山崎伊久江著	180元
㉗安琪拉美姿養生學	安琪拉蘭斯博瑞著	180元
㉘女體性醫學剖析	增田豐著	220元
㉙懷孕與生產剖析	岡部綾子著	180元
㉚斷奶後的健康育兒	東城百合子著	220元
㉛引出孩子幹勁的責罵藝術	多湖輝著	170元

㉜培養孩子獨立的藝術	多湖輝著	170元
㉝子宮肌瘤與卵巢囊腫	陳秀琳編著	180元
㉞下半身減肥法	納他夏・史達賓著	180元
㉟女性自然美容法	吳雅菁編著	180元
㊱再也不發胖	池園悅太郎著	170元
㊲生男生女控制術	中垣勝裕著	220元
㊳使妳的肌膚更亮麗	楊　皓編著	170元
㊴臉部輪廓變美	芝崎義夫著	180元
㊵斑點、皺紋自己治療	高須克彌著	180元
㊶面皰自己治療	伊藤雄康著	180元
㊷隨心所欲瘦身冥想法	原久子著	180元
㊸胎兒革命	鈴木丈織著	180元
㊹NS磁氣平衡法塑造窈窕奇蹟	古屋和江著	180元
㊺享瘦從腳開始	山田陽子著	180元
㊻小改變瘦４公斤	宮本裕子著	180元

・青 春 天 地・電腦編號 17

①A血型與星座	柯素娥編譯	160元
②B血型與星座	柯素娥編譯	160元
③O血型與星座	柯素娥編譯	160元
④AB血型與星座	柯素娥編譯	120元
⑤青春期性教室	呂貴嵐編譯	130元
⑥事半功倍讀書法	王毅希編譯	150元
⑦難解數學破題	宋釗宜編譯	130元
⑧速算解題技巧	宋釗宜編譯	130元
⑨小論文寫作秘訣	林顯茂編譯	120元
⑪中學生野外遊戲	熊谷康編著	120元
⑫恐怖極短篇	柯素娥編譯	130元
⑬恐怖夜話	小毛驢編譯	130元
⑭恐怖幽默短篇	小毛驢編譯	120元
⑮黑色幽默短篇	小毛驢編譯	120元
⑯靈異怪談	小毛驢編譯	130元
⑰錯覺遊戲	小毛驢編譯	130元
⑱整人遊戲	小毛驢編著	150元
⑲有趣的超常識	柯素娥編譯	130元
⑳哦！原來如此	林慶旺編譯	130元
㉑趣味競賽100種	劉名揚編譯	120元
㉒數學謎題入門	宋釗宜編譯	150元
㉓數學謎題解析	宋釗宜編譯	150元
㉔透視男女心理	林慶旺編譯	120元

㉕少女情懷的自白	李桂蘭編譯	120元
㉖由兄弟姊妹看命運	李玉瓊編譯	130元
㉗趣味的科學魔術	林慶旺編譯	150元
㉘趣味的心理實驗室	李燕玲編譯	150元
㉙愛與性心理測驗	小毛驢編譯	130元
㉚刑案推理解謎	小毛驢編譯	130元
㉛偵探常識推理	小毛驢編譯	130元
㉜偵探常識解謎	小毛驢編譯	130元
㉝偵探推理遊戲	小毛驢編譯	130元
㉞趣味的超魔術	廖玉山編著	150元
㉟趣味的珍奇發明	柯素娥編著	150元
㊱登山用具與技巧	陳瑞菊編著	150元

・健 康 天 地・電腦編號 18

①壓力的預防與治療	柯素娥編譯	130元
②超科學氣的魔力	柯素娥編譯	130元
③尿療法治病的神奇	中尾良一著	130元
④鐵證如山的尿療法奇蹟	廖玉山譯	120元
⑤一日斷食健康法	葉慈容編譯	150元
⑥胃部強健法	陳炳崑譯	120元
⑦癌症早期檢查法	廖松濤譯	160元
⑧老人痴呆症防止法	柯素娥編譯	130元
⑨松葉汁健康飲料	陳麗芬編譯	130元
⑩揉肚臍健康法	永井秋夫著	150元
⑪過勞死、猝死的預防	卓秀貞編譯	130元
⑫高血壓治療與飲食	藤山順豐著	150元
⑬老人看護指南	柯素娥編譯	150元
⑭美容外科淺談	楊啟宏著	150元
⑮美容外科新境界	楊啟宏著	150元
⑯鹽是天然的醫生	西英司郎著	140元
⑰年輕十歲不是夢	梁瑞麟譯	200元
⑱茶料理治百病	桑野和民著	180元
⑲綠茶治病寶典	桑野和民著	150元
⑳杜仲茶養顏減肥法	西田博著	150元
㉑蜂膠驚人療效	瀨長良三郎著	180元
㉒蜂膠治百病	瀨長良三郎著	180元
㉓醫藥與生活	鄭炳全著	180元
㉔鈣長生寶典	落合敏著	180元
㉕大蒜長生寶典	木下繁太郎著	160元
㉖居家自我健康檢查	石川恭三著	160元

㉗永恒的健康人生	李秀鈴譯	200元
㉘大豆卵磷脂長生寶典	劉雪卿譯	150元
㉙芳香療法	梁艾琳譯	160元
㉚醋長生寶典	柯素娥譯	180元
㉛從星座透視健康	席拉・吉蒂斯著	180元
㉜愉悅自在保健學	野本二士夫著	160元
㉝裸睡健康法	丸山淳士等著	160元
㉞糖尿病預防與治療	藤田順豐著	180元
㉟維他命長生寶典	菅原明子著	180元
㊱維他命C新效果	鐘文訓編	150元
㊲手、腳病理按摩	堤芳朗著	160元
㊳AIDS瞭解與預防	彼得塔歇爾著	180元
㊴甲殼質殼聚糖健康法	沈永嘉譯	160元
㊵神經痛預防與治療	木下眞男著	160元
㊶室內身體鍛鍊法	陳炳崑編著	160元
㊷吃出健康藥膳	劉大器編著	180元
㊸自我指壓術	蘇燕謀編著	160元
㊹紅蘿蔔汁斷食療法	李玉瓊編著	150元
㊺洗心術健康秘法	竺翠萍編譯	170元
㊻枇杷葉健康療法	柯素娥編譯	180元
㊼抗衰血癒	楊啟宏著	180元
㊽與癌搏鬥記	逸見政孝著	180元
㊾冬蟲夏草長生寶典	高橋義博著	170元
㊿痔瘡・大腸疾病先端療法	宮島伸宜著	180元
51膠布治癒頑固慢性病	加瀨建造著	180元
52芝麻神奇健康法	小林貞作著	170元
53香煙能防止癡呆？	高田明和著	180元
54穀菜食治癌療法	佐藤成志著	180元
55貼藥健康法	松原英多著	180元
56克服癌症調和道呼吸法	帶津良一著	180元
57B型肝炎預防與治療	野村喜重郎著	180元
58青春永駐養生導引術	早島正雄著	180元
59改變呼吸法創造健康	原久子著	180元
60荷爾蒙平衡養生秘訣	出村博著	180元
61水美肌健康法	井戶勝富著	170元
62認識食物掌握健康	廖梅珠編著	170元
63痛風劇痛消除法	鈴木吉彥著	180元
64酸莖菌驚人療效	上田明彥著	180元
65大豆卵磷脂治現代病	神津健一著	200元
66時辰療法——危險時刻凌晨4時	呂建強等著	180元
67自然治癒力提升法	帶津良一著	180元

⑱巧妙的氣保健法	藤平墨子著	180元
⑲治癒C型肝炎	熊田博光著	180元
⑳肝臟病預防與治療	劉名揚編著	180元
㉑腰痛平衡療法	荒井政信著	180元
㉒根治多汗症、狐臭	稻葉益巳著	220元
㉓40歲以後的骨質疏鬆症	沈永嘉譯	180元
㉔認識中藥	松下一成著	180元
㉕認識氣的科學	佐佐木茂美著	180元
㉖我戰勝了癌症	安田伸著	180元
㉗斑點是身心的危險信號	中野進著	180元
㉘艾波拉病毒大震撼	玉川重德著	180元
㉙重新還我黑髮	桑名隆一郎著	180元
㉚身體節律與健康	林博史著	180元
㉛生薑治萬病	石原結實著	180元
㉜靈芝治百病	陳瑞東著	180元
㉝木炭驚人的威力	大槻彰著	200元
㉞認識活性氧	井土貴司著	180元
㉟深海鮫治百病	廖玉山編著	180元
㊱神奇的蜂王乳	井上丹治著	180元

•實用女性學講座•電腦編號 19

①解讀女性內心世界	島田一男著	150元
②塑造成熟的女性	島田一男著	150元
③女性整體裝扮學	黃靜香編著	180元
④女性應對禮儀	黃靜香編著	180元
⑤女性婚前必修	小野十傳著	200元
⑥徹底瞭解女人	田口二州著	180元
⑦拆穿女性謊言88招	島田一男著	200元
⑧解讀女人心	島田一男著	200元
⑨俘獲女性絕招	志賀貢著	200元

•校 園 系 列•電腦編號 20

①讀書集中術	多湖輝著	150元
②應考的訣竅	多湖輝著	150元
③輕鬆讀書贏得聯考	多湖輝著	150元
④讀書記憶秘訣	多湖輝著	150元
⑤視力恢復！超速讀術	江錦雲譯	180元
⑥讀書36計	黃柏松編著	180元
⑦驚人的速讀術	鐘文訓編著	170元

⑧學生課業輔導良方	多湖輝著	180元
⑨超速讀超記憶法	廖松濤編著	180元
⑩速算解題技巧	宋釗宜編著	200元
⑪看圖學英文	陳炳崑編著	200元

•實用心理學講座•電腦編號 21

①拆穿欺騙伎倆	多湖輝著	140元
②創造好構想	多湖輝著	140元
③面對面心理術	多湖輝著	160元
④僞裝心理術	多湖輝著	140元
⑤透視人性弱點	多湖輝著	140元
⑥自我表現術	多湖輝著	180元
⑦不可思議的人性心理	多湖輝著	180元
⑧催眠術入門	多湖輝著	150元
⑨責罵部屬的藝術	多湖輝著	150元
⑩精神力	多湖輝著	150元
⑪厚黑說服術	多湖輝著	150元
⑫集中力	多湖輝著	150元
⑬構想力	多湖輝著	150元
⑭深層心理術	多湖輝著	160元
⑮深層語言術	多湖輝著	160元
⑯深層說服術	多湖輝著	180元
⑰掌握潛在心理	多湖輝著	160元
⑱洞悉心理陷阱	多湖輝著	180元
⑲解讀金錢心理	多湖輝著	180元
⑳拆穿語言圈套	多湖輝著	180元
㉑語言的內心玄機	多湖輝著	180元
㉒積極力	多湖輝著	180元

•超現實心理講座•電腦編號 22

①超意識覺醒法	詹蔚芬編譯	130元
②護摩秘法與人生	劉名揚編譯	130元
③秘法！超級仙術入門	陸　明譯	150元
④給地球人的訊息	柯素娥編著	150元
⑤密教的神通力	劉名揚編著	130元
⑥神秘奇妙的世界	平川陽一著	180元
⑦地球文明的超革命	吳秋嬌譯	200元
⑧力量石的秘密	吳秋嬌譯	180元
⑨超能力的靈異世界	馬小莉譯	200元

⑩逃離地球毀滅的命運	吳秋嬌譯	200元
⑪宇宙與地球終結之謎	南山宏著	200元
⑫驚世奇功揭秘	傅起鳳著	200元
⑬啟發身心潛力心象訓練法	栗田昌裕著	180元
⑭仙道術遁甲法	高藤聰一郎著	220元
⑮神通力的秘密	中岡俊哉著	180元
⑯仙人成仙術	高藤聰一郎著	200元
⑰仙道符咒氣功法	高藤聰一郎著	220元
⑱仙道風水術尋龍法	高藤聰一郎著	200元
⑲仙道奇蹟超幻像	高藤聰一郎著	200元
⑳仙道鍊金術房中法	高藤聰一郎著	200元
㉑奇蹟超醫療治癒難病	深野一幸著	220元
㉒揭開月球的神秘力量	超科學研究會	180元
㉓西藏密教奧義	高藤聰一郎著	250元
㉔改變你的夢術入門	高藤聰一郎著	250元

•養 生 保 健•電腦編號 23

①醫療養生氣功	黃孝寬著	250元
②中國氣功圖譜	余功保著	230元
③少林醫療氣功精粹	井玉蘭著	250元
④龍形實用氣功	吳大才等著	220元
⑤魚戲增視強身氣功	宮　嬰著	220元
⑥嚴新氣功	前新培金著	250元
⑦道家玄牝氣功	張　章著	200元
⑧仙家秘傳袪病功	李遠國著	160元
⑨少林十大健身功	秦慶豐著	180元
⑩中國自控氣功	張明武著	250元
⑪醫療防癌氣功	黃孝寬著	250元
⑫醫療強身氣功	黃孝寬著	250元
⑬醫療點穴氣功	黃孝寬著	250元
⑭中國八卦如意功	趙維漢著	180元
⑮正宗馬禮堂養氣功	馬禮堂著	420元
⑯秘傳道家筋經內丹功	王慶餘著	280元
⑰三元開慧功	辛桂林著	250元
⑱防癌治癌新氣功	郭　林著	180元
⑲禪定與佛家氣功修煉	劉天君著	200元
⑳顛倒之術	梅自強著	360元
㉑簡明氣功辭典	吳家駿編	360元
㉒八卦三合功	張全亮著	230元
㉓朱砂掌健身養生功	楊　永著	250元

㉔抗老功	陳九鶴著	230元

・社會人智囊・電腦編號24

①糾紛談判術	清水增三著	160元
②創造關鍵術	淺野八郎著	150元
③觀人術	淺野八郎著	180元
④應急詭辯術	廖英迪編著	160元
⑤天才家學習術	木原武一著	160元
⑥猫型狗式鑑人術	淺野八郎著	180元
⑦逆轉運掌握術	淺野八郎著	180元
⑧人際圓融術	澀谷昌三著	160元
⑨解讀人心術	淺野八郎著	180元
⑩與上司水乳交融術	秋元隆司著	180元
⑪男女心態定律	小田晉著	180元
⑫幽默說話術	林振輝編著	200元
⑬人能信賴幾分	淺野八郎著	180元
⑭我一定能成功	李玉瓊譯	180元
⑮獻給青年的嘉言	陳蒼杰譯	180元
⑯知人、知面、知其心	林振輝編著	180元
⑰塑造堅強的個性	坂上肇著	180元
⑱爲自己而活	佐藤綾子著	180元
⑲未來十年與愉快生活有約	船井幸雄著	180元
⑳超級銷售話術	杜秀卿譯	180元
㉑感性培育術	黃靜香編著	180元
㉒公司新鮮人的禮儀規範	蔡媛惠譯	180元
㉓傑出職員鍛鍊術	佐佐木正著	180元
㉔面談獲勝戰略	李芳黛譯	180元
㉕金玉良言撼人心	森純大著	180元
㉖男女幽默趣典	劉華亭編著	180元
㉗機智說話術	劉華亭編著	180元
㉘心理諮商室	柯素娥譯	180元
㉙如何在公司崢嶸頭角	佐佐木正著	180元
㉚機智應對術	李玉瓊編著	200元
㉛克服低潮良方	坂野雄二著	180元
㉜智慧型說話技巧	沈永嘉編著	180元
㉝記憶力、集中力增進術	廖松濤編著	180元
㉞女職員培育術	林慶旺編著	180元
㉟自我介紹與社交禮儀	柯素娥編著	180元
㊱積極生活創幸福	田中真澄著	180元
㊲妙點子超構想	多湖輝著	180元

國家圖書館出版品預行編目資料

游泳入門／唐桂萍編著，－初版
－臺北市，大展，民 87
面；21 公分－（運動遊戲；6）
ISBN 957-557-832-5（平裝）
1.游泳

528.96　　87007643

行政院新聞局局版臺陸字第 100959 號核准
北京人民體育出版社授權中文繁體字版
【版權所有・翻印必究】

游泳入門

ISBN 957-557-832-5

編 著 者／唐　桂　萍
發 行 人／蔡　森　明
出 版 者／大展出版社有限公司
社　　址／台北市北投區（石牌）致遠一路 2 段 12 巷 1 號
電　　話／(02) 28236031・28236033
傳　　真／(02) 28272069
郵政劃撥／0166955—1
登 記 證／局版臺業字第 2171 號
承 印 者／高星企業有限公司
裝　　訂／日新裝訂所
排 版 者／千兵企業有限公司
電　　話／(02) 28812643
初版1刷／1998 年（民 87 年）8 月

定　價／200 元

●本書若有破損、缺頁敬請寄回本社更換●

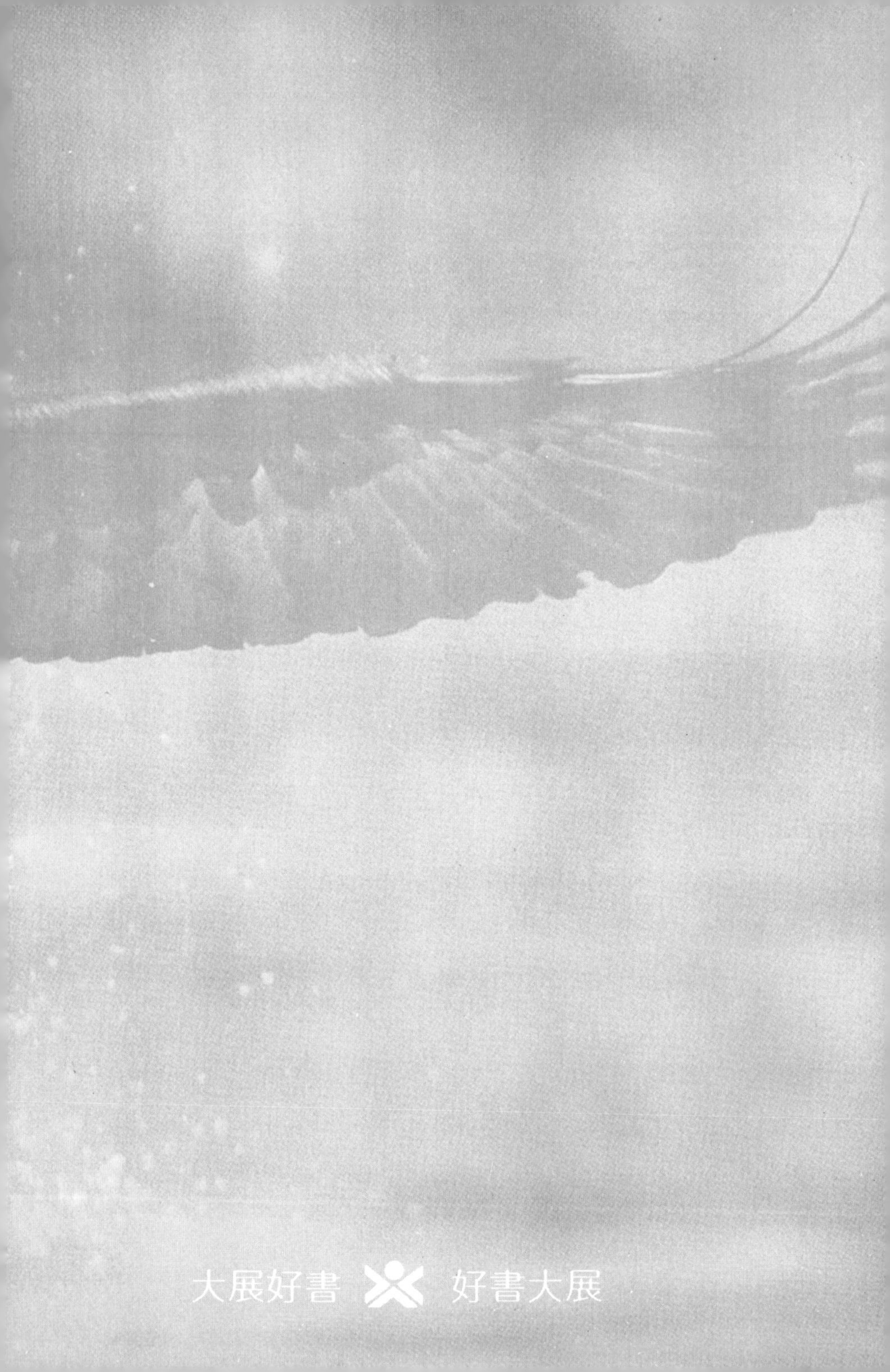
大展好書 好書大展